교과서 밖에서 만나는 발로 찾아 쏜 통일 교과서

선생님, **통일**이 무예요?

선생님, 통일이 무어예요?

초판 1쇄 발행 2013년 11월 22일
초판 9쇄 발행 2024년 5월 18일

지은이 정경호
펴낸이 김승희
펴낸곳 도서출판 살림터

기획 정광일
편집 조현주, 송승호
그림 이태수
북디자인 시아

인쇄·제본 (주)신화프린팅
종이 (주)명동지류

주소 서울시 양천구 목동동로 293, 22층 2215-1호
전화 02-3141-6553
팩스 02-3141-6555
출판등록 2008년 3월 18일 제313-1990-12호
이메일 gwang80@hanmail.net
블로그 http://blog.naver.com/dkffk1020
한국교육연구네트워크 www.kednetwork.or.kr

ISBN 978-89-94445-51-9 03300

교과서 밖에서 만나는 발로 찾아 쓴 통일 교과서

선생님, 통일이 뭐예요?

정경호 지음

살림터

역사 교사로서 산 세월이 벌써 29년째다. 우리 역사에서 가장 한스러운 것은 분단과 전쟁이었다. 분단과 전쟁도 문제이지만 그로 인한 각종 사회적 폐단을 보면서 지나간 역사만 얘기하면서 소임을 다했다고 하기에는 조금 답답했다. 또 역사 교사로서 시대에 대한 책무를 외면한다는 생각마저도 들었다.

그래서 통일을 얘기하면서 미래에 대한 이상을 펼쳐 보이고 싶었다. 특히 자라나는 청소년들에게.

이제 통일은 불쑥 찾아올지도 모른다는 생각을 하는 사람들이 많아졌다. 그런 만큼 미래 전략 차원에서 대비하지 않으면 크게 낭패를 보거나 사회 혼란으로 이어질 수 있다. 이제 범정부적 차원에서 통일 대비가 필요하다. 특히 민간 부문의 경험과 예지를 정부가 활용하여 조직적으로 준비해야 한다. 현대의 많은 문제는 정부 차원의 노력만으로는 어렵다는 것이 상식이 된 지 오래다. 국제적인 맥락을 파악하고 문제를 더 잘 해결할 사람들이 민간 부문에 있기 때문이다. 식견과 능력 면에서 우수한 민간의 힘을 잘 활용해야 효율적인 국가 발전을 이룰 수 있다.

통일 문제는 더욱 그렇다. 민족적 대업이고 엄청난 프로젝트이기 때문에 각 부문의 전문가가 필요하고 그 사람들과의 조화와 조율이 필요하다. 정부가 통일 과정에서 훌륭한 지휘자가 되기 위해서 민간 부문과 계속적인 협력이 필요한 이유이다. 오케스트라의 지휘자처럼 말이다.

그리고 우리 국민의 자세가 통일에 가장 중요한 변수라고 생각한다. 어차피 통일은 능력 있는 사람의 아량과 지혜가 필요한 것이다. 동베를린 사람들이 장벽을 넘어 서베를린 쪽으로 쓰레기를 던져도 서베를린 사람들은 먹을 것을 던져주었단다. "사람은 어차피 가슴속에 있는 것을 내어놓게 되어 있다."는 쪽지와 함께. 우리도 이런 여유 있고 품위 있는 자세를 가질 수는 없는지 묻고 싶다. 한 개 받으면 한 개 준다는 상호주의가 아니라 우리가 먼저 베풂으로써 그들이 변화할 수 있다는 신념을 가져야 할 것이다. 어차피 남북 간에는 상호주의로 풀릴 문제가 별로 없으니까.

이 책이 우리 국민들의 의식을 남북 화해와 통일 지향으로 바꾸는 데 도움이 되었으면 한다. 이 책을 써나가는 데 있어서 어느 극단의 주장에 치우치지 않고 균형 잡힌 시각을 유지하기 위해 노력했으나, 다소 불편해하는 사람도 있을 것이다. 이 점은 역사관이나 가치관, 세계관이 다르기 때문이다. 앞으로 상호 토론을 통해서 서로의 주장을 보완해볼 수 있을 것이다.

중요한 것은 서로의 주장만 고집하다 보면 민족 통합적이고 통일 지향적인 논의는 사라질 것이라는 점이다. 통일은 보수와 진보를 떠나서 합리적인 생각을 가진 사람들이 함께 머리를 맞대는 노력을 해야 열릴 수 있다.

통일시대가 열리기를 갈망하며 역량이 부족한 사람이 부끄러운 마음으로 이 책을 내밀게 되었다. 정전 협정 60년째를 넘기기 전에 이 책이 나오기를 열망하다 보니 여러 군데 미흡한 점이 있었다고 자책한다. 애정 어린 질책과 비판은 겸허히 받아들일 것을 약속드린다. 우리 민족의 정치적 상황은 자체적인 변동성과 동북아 정세와 연동되어 역동적으로 변화할 것이므로 이 책의 내용도 정세에 맞추어 변화되어야 할 것이다.

내 글쓰기가 통일에 관심이 많은 시민들, 특히 자라나는 청소년들의 통일 의식 형성에 조금이라도 도움이 되길 바라며 쓰게 되었다.

훌륭한 저술로 내게 많은 영감과 정보를 주어 이 책에 좋은 내용을 싣게 해주신 석학들과 남북관계 일에 종사하신 분들 모두에게 감사드린다. 자신 없어 할 때 『군주론』을 인용하여 "과녁을 맞히기 위해서는 더 높이 겨냥할 수밖에 없지 않느냐."는 신복룡 교수님의 말씀에 용기를 얻었음을 고백한다.

또 통일 문제를 연구하는 데 많은 도움을 준 대북협상아카데미와 남북경협아카데미의 훌륭한 강사님들과 개성공단 사업을 하는 이규용 본부장님도 고마운 분이다. 개성공단이 잠정 중단되어 상심이 큰 상황일 때도 인간으로서의 더할 수 없는 따뜻함을 베풀어주어 늘 감동이었음을 고백한다.

통일부 고위 관료 출신이시면서 원고를 읽고 중요한 조언을 해주신 고경빈 남북교류지원협회 전 회장님과 책의 편집 체제 등을 처음부터 도와주며 응원을 아끼지 않은 장용준 함평고 교장에게도 고마움을 표한다.

좋은 작품 사진을 이용할 수 있도록 허락해준 최병수 화백과 삽화를 그려준 이태수 화가에게도 감사를 표한다. 놓칠 수 없는 기회를 베풀어주신 정광일 살림터 사장님과 편집진에게도 고맙다는 말씀을 드린다.

독일을 자료 조사차 여행했을 때 훌륭한 길잡이이자 통역을 해준 손옥주 선생님의 헌신적인 도움은 잊을 수 없는 감동이었다.

자료 조사와 연수 등으로 집을 많이 비워서 혼자 밥 먹게 한 집사람에게도 사랑한다는 말을 전한다.

2013년 11월
정경호

차례

서문

1부
통일은 이래서 필요하다

때는 1953년 7월 27일 정전 협정이 발효되는 날이었다.
이 협정에 의하면 정오부터 효력이 발휘되었지만,
전투 행위가 중지된 시간은 밤 10시였다.
그 10시간 동안 남한군과 유엔군, 북한군과 중국군은
남은 포탄과 총알을 쏟아부어 격렬한 전투를 벌였다.
밤 10시! 전선에 적막이 깃들었다.
달은 밝아 더욱 처연하기만 했다.
그때 북쪽 인민군 지하 벙커에서 인공기를 흔들며 한 병사가 몸을 일으켰다.
그러자 몇몇 인민군이 더 몸을 일으켜 세우며 노래를 시작하는 것이 아닌가.
그들의 군가가 씩씩하고 우렁차게 울려 퍼졌다.
듣고 있던 남한군과 유엔군도 주섬주섬 일어나 이 정전의 밤을 즐겼다.
손에 잡히는 대로 깃발과 총을 흔들어대며……
노래가 끝나면 더 불러보라고 외치는 병사, 박수로 호응하는 미군 사병,
어깨를 들썩이며 울먹이는 나이 어린 병사까지
가슴에 절절히 남는 정전 협정일의 밤 풍경이었다.
그리고 속절없이, 아니 치열하게 60년이 흐른 2013년이다.

1장 통일은 왜 필요한가?

1. 이대로가 더 좋지 않나요?

🧑 **정 선생**   서설아, 해밀아, 반가워. 가혹하다 싶으리만큼 힘겨운 입시를 앞둔 고등학교 2학년인 너희들이 통일 문제에 관심을 갖고 있었다니 그저 대견스럽구나. 더구나 통일 동아리를 만들어 운영한다는 말에 더욱 기특하다는 생각을 했어.

아니 당연해야 하는데도 요즘 통일 문제라면 부정적인 생각부터 하고 때로는 듣는 둥 마는 둥 하는 학생들을 보면 솔직히 좀 야속하다는 생각까지 들더라. 지금부터 통일을 위해 필요한 얘기는 뭐든지 다 드러내놓고 해보자꾸나.

👧 **서설**   선생님, 근데 왜 통일을 해야 하죠? 이대로가 더 좋지 않나요? 북한은 못살잖아요.

🧑 **정 선생**   그래. 충분히 그렇게 생각할 수 있어. 우리 청소년들의 절반 이상이 그렇게 생각한다고 하더구나. 이건 사실 심각한 문제이

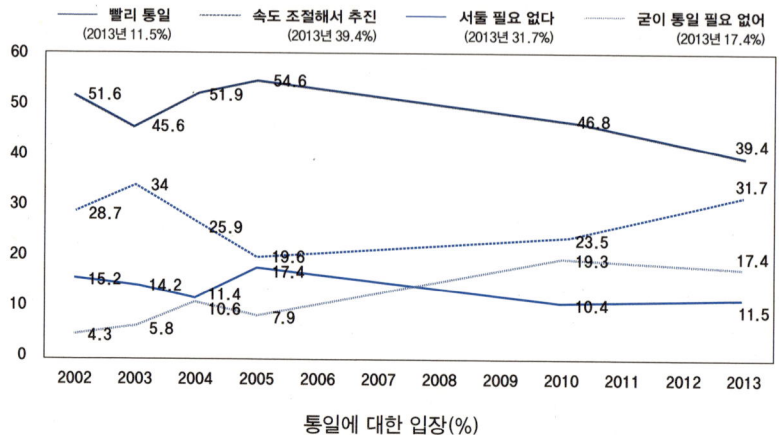

| 빨리 통일 | 속도 조절해서 추진 | 서둘 필요 없다 | 굳이 통일 필요 없어 |
| (2013년 11.5%) | (2013년 39.4%) | (2013년 31.7%) | (2013년 17.4%) |

통일에 대한 입장(%)

국방대학교 일반 국민 안보의식 조사(2000-2003), EAI·CCGA Global Views(2004. 7), 한국인의 정치안보의식 조사(2013. 4).   출처: 『EAI 여론 브리핑』 제132호.

지. 우리 같은 교사가 통일 교육에 신경을 많이 못 쓴 탓도 있겠지만, 본말本末이 뒤바뀐 우리 사회의 가치체계도 문제란다. 무턱대고 잘살아야 한다는 강박관념만 있는 사람들처럼 조급해하는 것 같아.

인디언들은 말을 타고 급히 달려가다가도 가끔씩 뒤를 돌아본다고 하잖니. 자기의 영혼이 따라오는가 말이다. 잘못된 방향으로 열심히 달려가 봐야 열심히 간 만큼 돌아올 길이 멀어질 뿐이야. 아니면 잘못된 과거를 합리화하는 데 급급하든지. 열심히 앞으로만 가는 게 중요한 것이 아니라 제대로 된 방향을 잡고 가야 한다는 말이다.

2010년 11월에 벌어진 연평도 포격 사건이 났을 때 무슨 생각이 들었니? 전쟁이 날지도 모른다는 불안감이 아니었니? 우리는 이렇게 전쟁을 정지해놓았다는 정전 협정 상태에서 60년을 살아온 거야. 언제까지 이런 상태에서 살아야 할까? 이런 불안과 불편을 해소하기 위해서는 우선 한반도에 평화를 정착시키고 통일을 지향해나가야 하지.

우리 국민들의 2013년 여론조사에서 통일에 대한 생각은 도표에서 보듯이 빨리 통일하자는 여론(11.5%)과 속도 조절해서 추진하자(39.4%)는 의견이 과반을 넘어서 50.9%야. 서둘 필요가 없다는 의견이나 굳이 통일이 필요 없다는 의견도 반 가까이에 이르고 말야.

나도 물론 우리가 감당할 수 없는 소용돌이에 휘말리는 통일은 바람직하지 않다고 생각해. 하지만 모든 것은 때가 있고, 결정적 시기가 있어. 지금부터 결정적 시기에 대비하여 꾸준히 또 열렬히 준비한다면 우리에게는 축복 같은 민족의 미래가 열릴 것이라고 확신한다. 남북 간의 평화 정착과 통일을 통해 세계 평화에도 기여하는 획기적인 한 시대를 우리가 열 수도 있다고 생각한다.

2. 외국인의 눈으로 본 통일

🧑 해밀 저는 아직 통일이 될 것 같지도 않고요. 된다고 하더라도 우리 남한만 손해 볼 것 같다는 생각이 드는데요.

🧑 정 선생 아마 대부분의 사람들이 그렇게 생각할 것 같기는 하다. 미국 중앙정보국CIA이 2000년에 펴낸 『2015년 세계의 경향들』에서는 2015년에 통일 한국이 동북아 군사 강국으로 떠오르는데, 남한이 주도한 통일을 예견하고 있었어.

거의 모든 통일론자들도 남북한의 국력 차이를 고려해볼 때 남한 주도의 통일을 생각할 거야. 또한 실현 가능성이 높은 통일 형태는 시

장경제와 자유민주주의를 표방하는 남한 체제 중심의 통일로 보는 의견이 우세하단다.[주1]

하지만 동·서독 통일이 우리에게 주는 교훈은 서로 친근한 사회체제를 갖고 있어야 사회 통합이 순조롭다는 점이지. 서독은 수준 높은 사회보장 국가로서 자본주의 시장경제에서 가장 좌파적 이념체제라 할 수 있는 사회민주주의 토대가 굳건했어. 반면에 동독은 동유럽 사회주의 국가 중에서 가장 발달된 사회주의 국가였단다.[주2]

우리 사회도 많은 이들이 느끼고 있다시피 고쳐야 할 문제점이 많은 것은 사실이지. 비인간적인 경쟁 만능 사회, 물질적인 것을 최상의 가치로 섬기는 물신주의 풍조, 공정한 기회가 보장되지 않는 사회구조, 부의 편중과 부동산 가격의 지나친 거품은 많은 서민들을 좌절시키고 있지. 이러한 좌절감을 달래주고 우리 사회가 다시 희망으로 약동하기 위해서는 북유럽의 복지국가를 지향해야 한다고 생각한다.

일제 강점기 다수의 독립운동가들이 꿈꾼 나라는 국가의 중요한 산업을 국유화하고 국가가 경제의 공공복리를 위해 적극 나서는 그런 나라였단다. 그런데 지금은 어떠니? 개인의 이익을 위해 공공의 이익이나 공동선은 헌신짝처럼 내팽개치는 사람들로 인해 삭막해졌잖니. 이런 사회가 지속된다면 무한 경쟁에서 살아남은 능력자만 대접받는 비정한 사회가 되지 않겠니?

미국의 유명한 신용평가회사인 골드만삭스Goldman Sachs가 2009년 9월 발표한 『통일 한국, 북한 리스크에 대한 평가』를 보면 남북한 통합 방식에 있어 독일이 20년간의 꾸준한 교류와 경제 협력을 했음에도 불구하고 갑자기 찾아온 통일의 기회를 잡다 보니 결국 많은 비용

통일되고 30~40년이 지나면 세계 5대 경제 강국이 될 것이다. 단, 점진적인 통일이 이루어지면 …·

을 발생시켰다는 거야. 중국·홍콩식의 점진적이고 평화적인 경제 통합이 가장 낮은 비용을 초래할 것이라고 분석하고 있어.

또한 남북한의 점진적인 통합을 전제로 다음과 같이 전망했단다. 통일 20년 후 북한의 1인당 GDP는 남한의 50% 수준까지 달성할 수 있다는 거야. 또한 2050년 통일 한국의 GDP는 미국을 제외한 G7 회원국과 비슷하거나 높을 것이라고 전망했단다. 즉, 세계 5대 경제 강국에 들 수 있을 것으로 예측하고 있어.

🧑 해밀 통일에 대해 상당히 희망적인 전망이 많이 있었네요. 조금씩 얘기가 재미있어지려고 하는데요. 통일 문제 얘기하면 딱딱하기만 할 줄 알았거든요.

🧑 정 선생 통일은 우리가 제대로 된 나라를 만들어보자는 얘기니까 가슴을 뛰게 하지. 이제 조금씩 통일국가의 모습이 보이지 않니? 독일식의 급격한 통일보다는 점진적으로 꾸준히 준비해나간다면 분명 우리 민족의 장래가 한껏 밝아진다고 외국에서도 평가하고 있거든.

그리고 북한이 아무것도 없는 가난한 나라라는 생각은 사실 잘 모르는 사람들이나 하는 얘기지. '상품 투자의 귀재'라고 불리는 짐 로저스 회장이 미국 경제 전문 잡지인 포브스와의 인터뷰에서 북한을 "최근 가장 흥미를 갖고 있는 나라 가운데 하나"라고 하면서 그 이유를 다음과 같이 밝혔단다. "곧 남한과의 통일이 이뤄질 것이며 통일 한국은 엄청난 잠재력을 가졌기 때문"이라고 했어. 합치면 인구 7,500만 명이 넘는 통일 한국은 21세기 경제 중심지로 성장한 중국과 국경을 접했고, 엄청난 고급 인력을 지녔으며, 북쪽 지역의 막대한 천연자원까지 갖춘 나라가 될 것이라는 설명이야. 그는 "일본이 한반도의 통일을 원하지 않는 것도 이 때문"이라며 "너무 강력한 경쟁자를 옆에 두고 싶지 않은 속내"라고 덧붙였어.[주3]

이와 같이 우리의 통일에 희망적 전망을 내놓는 외국 전문가들은 많은 편이란다. 다만 우리 남한 사람들이 오히려 비관적이거나 통일 반대론에 휩쓸리는 경향이 더 많아서 문제야. 통일의 직접 당사자인 남한 사람이 말이야.

3. 통일이 싫은 이유가 다 있다

🙍 서설 그렇다면 통일에 부정적인 이유가 뭐라고 생각하세요? 선생님은 역사 선생님이니까 역사적으로 설명해주시면 좋겠어요.

🧑 정 선생 물론 직업병처럼 그렇게 설명하는 버릇이 있지. 하지만 여기서는 누구나 공감할 수 있는 상식적인 얘기만 하자.

통일에 부정적인 사람이 많은 배경에는 우선 한국전쟁에 대한 정신적 상처가 깊게 남아 북한이나 공산주의라고 하면 치를 떠는 사람이 많기 때문이야. 경우에 따라서는 부모형제를 죽인 원수이니 그렇지 않겠니. 그리고 이런 전쟁의 정신적 상흔이 세대 간에 전승되고 있어. 이것이 우리 분단을 공고하게 하고 길게 가도록 하는 원인 중 하나이지.

또 하나는 통일 교육보다 반공 교육이 우선되어 북한에 대해 무조건적인 거부 반응을 느끼는 사람이 많은 것도 그 원인이라고 할 수 있어.

통일은 북한이 좋아서 가슴을 여는 것이 아니라 민족의 미래를 위해서 가슴을 여는 것이지. 68년이라는 긴 세월을 나뉘어 살다 보니 이질감이 많은 것은 사실이야. 그러나 통찰력을 발휘해서 우리 민족의 성장 동력을 한번 찾아보자. 어디서 찾을 수 있을까? 수출 주도의 남한 경제는 세계 경제의 호황과 불황에 정말 많은 영향을 받게 되어 있어. 그런데 첨단산업만이 우리 국민들에게 일자리를 다 줄 수는 없지. 그렇다면 첨단산업은 세계에 나가 당당히 경쟁하여 외화를 벌어와야 하지만 세계적 경쟁력을 아직 갖추지 못한 중소기업은 가격이 싼 제품을 팔아서도 커나가야 하지.

우리 기업들이 임금이 높아서 사람을 구할 수 없을 때 해외에 나갔지만, 이제 중국을 비롯해 해외 근로자의 임금도 만만치가 않아. 어떻게 해야 할까. 북한의 근로자에 눈을 돌리면 멀리 나갈 필요도 없이 해결할 수가 있지. 우리는 북한 근로자를 고용하여 월급을 줌으로써 북한 경제의 소생에도 도움을 주고 우리 중소기업도 도움을 받을 수 있는 한민족 경제공동체를 만들 수 있어. 이런 것은 이른바 '퍼주기'

가 아니라 같이 사는 이른바 상생의 길이란다.

그러한 한민족 공동 번영을 위해서는 북한의 잡다하고 거북스러운 요구도 때로는 참아야 할 때가 있을 거야. 왜 없겠어. 아직 자본주의에 익숙하지도 않고 자존심을 목숨보다 소중하다고 하는데······.

4. 정전 60년, 민족적 깨달음이 올 때다

해밀 그럼, 어떻게 해야 하죠?

정 선생 남북한이 적대적인 사이라는 것은 엄연한 현실이지만, 그렇다고 감정에 들뜨고 충동에 휩쓸려서야 지혜로운 민족이라고 할 수 없잖니. 이제 통일이 우리에게 무엇을 가져다줄 것인지 차분하게 생각할 여유를 가져야 할 시점이야. 전쟁과 증오로 얼룩진 정전 협정도 예순 살을 먹었으니까.

전쟁 좀 잠깐 정지시키자고 해놓고서 60년이 지나도 그 상태대로 있는 나라가 세상에 또 있을까? 지금 한반도는 법적으로 엄연히 전쟁이 끝나지 않은 상태야.

남북한 간에 반드시 변화의 바람이 불어야 할 때가 바로 지금이야. 60년이란 세월은 두 세대가 지난 시기야. 사람으로 비유하면 정전 협정 때 태어난 아이가 환갑이 되어 손주를 보는 나이가 된 거야. 그런데도 변화가 없다면 도대체 어떤 사람인 거지? 그리고 우리 민족의 분단 나이가 2013년에 벌써 69세가 되었다면 지혜로워져야 할 나이 아니겠니. 진즉에 깨달음이 생겼어야 한단 말이지.

난 최고의 희열은 깨달음에서 온다고 생각해. 해밀이도 그런 것을 느껴본 적 있지 않니? 꽉 막혀 해결이 안 된 문제를 풀고 나서 느끼는 희열. 이 희열을 느낄 때 세라토닌이라는 물질이 분비된다는데 항암 효과도 있다고 해. 민족문제에 대한 깨달음을 얻어 우리 민족에게도 세라토닌이 분비되었으면 좋겠어. 그래서 민족적 암이라고 할 수 있는 분단을 치료할 수 있는 길이 열렸으면 좋겠구나. 남북한과 해외에 사는 우리 민족이 분단을 해결해나가면서 그런 희열을 느꼈으면 하고 바라는 것이지.

우리 민족은 도전적인 자세가 뛰어나다고 생각해. 전쟁의 폐허를 딛고 세계 10위권의 경제력을 자랑하는 나라가 되었고, 세계가 부러워하는 경제 성장과 민주화를 동시에 이루기도 했잖니. 우리 민족은 결심하면 해낼 수 있고, 신명이 나면 하나 되어 못할 게 없어. 경제 기적과 민주화 기적에 이어 이번에는 통일 기적을 일으켜 제3의 기적으로 삼자. 우리 민족의 능력으로 충분히 가능하고도 남는 일이거든.

2장 분단 상처의 치유는 빠를수록 좋다

|흐름 잡기| 우리 사회 문제의 보이지 않는 뿌리

우리 사회 문제의 심각성을 나타내는 지표로는 OECD 국가 중 자살률 1위, 출산율 최하위권, 결혼 기피 등이라고 생각된다. 이러한 현상의 원인은 무엇일까? 또 어떤 뿌리에서 뻗어 나온 것일까? 관련 내용을 모 일간지 기사를 인용하여 살펴보자.

한국은 2004년 경제협력개발기구OECD 국가 중 자살률 1위에 오른 이후 줄곧 선두자리를 지키고 있다. 2000년 인구 10만 명당 13.6명이던 자살자 수는 2010년 33.5명으로 증가했다. 2010년 OECD 평균 12.8명의 2.6배다. 매일 평균 42.6명이 자살하는 셈이다. 특히 우리나라는 65세 이상 노인 자살이 심각하다. 2010년 전체 자살자(1만 5,566명) 중 28.1%(4,378명)가 65세 이상이었다. 노인 자살률은 10만 명당 81.9명으로 전체 평균(33.5명)의 2.4배다. 노인 자살률이 전체 자살률보다 낮아지는 세계 추세와 반대로 가고 있다.[주1]

왜 그럴까? 그 원인은 인간의 존엄성을 지킬 수 없게 하는 복지제도의 부실과 이로 인해 생기는 미래에 대한 불안감이라고 생각한다. 우리나라같이 노동시간이 최고로 긴 나라에서 복지제도가 미흡한 것은 많은 돈을 분단을 유지하는 데 써야만 하기 때문이다. 또 하나의 원인은 좁은 국토에서 한정된 자원을 놓고 경쟁이 치열하다 보니 인간적인 유대감이 부족하기 때문이다. 이러한 것을 통일이 상당 부분 해소할 수 있을 것이다.

2013년 8월 26일 통계청에 따르면 2012년 여성 1명이 평생 낳을 것으로 예상되는 아이 숫자를 뜻하는 합계 출산율은 1,297명으로 2001년 이후 최고치를 기록하며, 2010년 이후 3년 연속 상승했다. (중략)

출산율이 상승세를 보였지만 여전히 초저출산 국가(합계 출산율이 1.3명 이하인 나라)에서 벗어나지 못했다. OECD(경제협력개발기구) 회원국 가운데 우리나라보다 합계 출산율이 낮은 나라는 헝가리(1.24명)뿐이다.[주2]

인구의 대폭 증가로 "둘도 많다. 하나만 낳아 잘 기르자."라고 했던 우리나라가 왜 이렇게 되었을까? 출산율이 떨어진 이유는 자신의 미래에 대해 확신이 없으므로 자녀 낳는 것을 꺼리기 때문일 것이다.

보건복지부에 따르면 미혼 남성의 40.4%, 미혼 여성의 19.4%가 '경제적 이유'로 결혼을 하지 않는 것으로 나타났다. 남녀를 불문하고 낮은 소득, 불안한 직장, 과도한 주거-결혼 비용 등이 결혼 가치관에 영향을 미치고 있음을 반증한다.[주3]

한마디로 젊은 남녀가 일자리가 불안하고 돈이 없어 결혼마저도 기피하고 있는 것이다. 이 문제를 해결할 수 있는 또 하나의 방안! 통일이 되면 상당 부분 치유가 가능하다.

1. 불안이 겹쳐진 사회

🧑‍🦰 서설 통일되면 우리 사회 문제의 상당 부분을 치유할 수 있다는 말을 믿어도 돼요?

👨 정 선생 그렇지. 남북 간에 경제 협력이 되면 그만큼 우리 경제가 좋아지고 일자리가 많아지는 만큼 기업가가 어떻게든 직원들을 붙잡아두려고 노력하게 되지 않겠니. 일자리가 안정되면 젊은 사람들이 미래에 대해 확신이 생기겠지. 그러니 과도한 경쟁에서 패배한 사람들도 급격히 줄어들어 자살률도 떨어질 거야.

또 장래에 대한 희망이 있으니 결혼해서 안정적인 가정을 꾸리는 것을 더 이상 망설이지 않게 되겠지. 더 나아가 수입이 늘면 자녀를 기르는 데 자신감이 생기니까 출산율도 높아질 거야. 자기 자신과 나라의 미래에 대한 불안감이 사라지면 아이 낳는 것도 주저하지 않을 테니까 말이야.

그리고 우리는 분단되어 있기 때문에 국내 시장이 좁아. 경제적으로 더 도약하려면 인구 8천만 이상이 되어야 한다는데 남한의 현실에서 당분간은 가능성이 없는 얘기지. 게다가 남한에서는 제조업에서 일할 인력을 구하기도 어려워. 임금을 어지간히 준다고 해도 어렵고 힘든 일을 하려는 사람이 별로 없으니까. 그래서 결국 외국인 근로자를 고용해서 공장을 운영해야 하는 업체가 많아졌지.

그런데 눈을 조금 돌려봐. 북한은 경제 회생이 시급한데 그들과 협력하여 그들의 노동력과 남한의 자본과 기술력을 결합하면 세계적인 경쟁력을 유지할 수가 있단다.

🧑‍💼 **서설** 선생님이 나라의 미래에 대한 불안감이라는 표현을 하셨는데, 이건 현대인이라면 어느 나라 사람이나 다 갖고 있는 것 아닐까요?

🧑‍🦱 **정 선생** 그렇긴 하지. 불확실한 미래 때문에 생겨난 현대인들의 특징 가운데 하나라고 할 수 있지. 하지만 우리의 불안지수는 보편적 현대인의 특징에 더하여 분단 현실이 겹쳐져서 더욱 증폭되고 있다고 볼 수 있어. 예를 들어서 부모가 자주 부부싸움을 하는 가정에서 자란 아이들은 정서가 불안할 가능성이 많은 것과 같아. 뉴스를 떠올려 봐. 전쟁 위협과 불바다 발언에 "어디를 박살내버린다."는 끔직한 뉴스가 자주 나오지 않니.

　그리고 이를 뒷받침해주듯이 전쟁을 겪은 부모님이나 할아버지 세대로부터 이어받은 적대적 이야기는 반공논리에 결정적인 바탕을 이루고 있어. 정치가들은 또 어떻고. 보수니 진보니 편 가르는 데 익숙해서 생산적이고 미래 지향적인 민족 통합은 아예 생각지도 못 하는 정치가들이 너무 많아.

그리고 싸움하는 집에서 자란 아이처럼 폭력적인 인간성을 지닌 사람들이 너무 많아. 피해의식이 지나친 것 같기도 하고. 나라가 아직 전쟁이 끝나지 않은 정전 상태이니 이러는가 싶어. 엄청난 재앙이 발생할 것이 예견되어 전쟁을 벌이기 어려우니 이렇게 무시무시한 말의 전쟁을 하는가도 싶다. 나무도 자꾸 막대기로 때리면 가시가 돋는단다. 그런데 하물며 살아 움직이는 인간들은 더 말해 무엇하겠어.

해밀 남북한 사회가 이렇게 대립한 원인이 무엇일까요?

정 선생 조희연이라는 사회학자가 말했듯이 남한은 '반공규율사회'란다. 반공이 모든 영역에서 사회를 규율할 정도로 아직 막강한 영향력을 갖고 있어. 그에 비해 북한은 노동당만이 유일하게 인정되고 그 권력이 모든 것을 통제하며 구호를 통해 여론을 이끌고 있어. 유일체제라고 할 수 있지. 김일성 주석이 다스릴 때는 주체사상이 중심이었어. 김정일 국방위원장 때는 선군정치라고 군이 모든 통치의 중심에 자리 잡아 국가의 권력을 장악했지. 사상적으로는 주체사상과 유교적 상하 질서를 강조하면서도 옛 소련의 스탈린식 독재를 정당화하고 있지.

남북한에서는 상대방 체제를 옹호하는 발언은 사실상 용납이 안돼. 남한에서는 국가보안법으로 제한받고 있고, 북한에서는 노동당규약 등으로 제한되고 있어. 서로 적대적인 상황을 이용하여 국민의 인권을 제한하고 사상의 자유를 억압한 것이 어제오늘의 일이 아니었지.

남한에서 민주화 운동이 일어날 때도 불순 세력이 뒤에서 조종하고 있다고 함으로써 민주화를 가로막는 데 분단 상황을 이용했어. 4·19 혁명 때도 그랬고 5·18 광주민주화운동 때도 그랬지. '미워하면서도 닮는다'고 서로 독재체제라고 비난하면서 권력자들은 자신들의 권력을 더 강화했어. 하지만 남한에서는 국가와 정권을 분리하여 생각할 줄 아는 시민사회의 지혜와 저항^{주4}으로 민주화에 성공했단다.

2. 이제 언론이 통일에 기여해야

서설 아, 그런 부분도 있었네요. 통일을 위해 변화가 일어나야 하나요?

정 선생 난 언론이 올바로 서야 한다고 봐. 일부 언론이 통일을 위해 노력하기보다 민족 분열에 앞장서고 있는 것 같아서 걱정이거든. 한국의 일부 언론은 통일 훼방꾼으로 보일 정도로 뜻있는 국민들의 눈살을 씨푸리게 하고 있어. 합의 통일에 가까운 흡수 통일을 한 독일 사람들도 흡수 통일을 권하지 않는데, 일부 언론은 북한을 붕괴시켜 흡수 통일을 해야 한다는 속내를 거침없이 드러내고 있지. '북한은 망해야 하고 우리가 접수하는 흡수 통일을 하자.'는 식으로 말이야. 이제 우리도 독일 언론이 공정한 보도로 통일에 기여했던 것을 거울로 삼아야 해.

사실 북한이 갑자기 무너져도 우리가 북한을 흡수할 국제법적 권리는 아무것도 없다고 해. 다시 말해, 북한이 붕괴되면 당연히 우리와 합칠 수 있다고 주장할 만한 국제법적인 근거는 없다는 것이지. 민족적인 입장에서 주장하는 것 말고는 국제법적인 보호를 받지 못한다니 이 얼마나 슬픈 일이냐. 그런데 대비책도 허술하면서 북한 붕괴를 원하는 논조를 깔고 기사를 써대는 언론을 이해할 수 없구나. 그래서 나는 우리 민족이 천박한 논리와 거짓된 선동의 인질이 되지 않아야 통일의 길이 열린다고 생각해.

🧑 **해밀** 선생님 목소리가 이렇게 커지는 것은 처음 봐요.

🧑 **정 선생** 아직 할 말이 남았단다. 노무현 대통령 시절인 2005년, 우리가 미국에게 전시작전통제권 반환을 요구하였어. 그때 상황을 CNN 기자의 글을 인용해서 말해줄게.

> 한반도 주둔 미군의 좀 더 포괄적인 재편 작업과 노무현 대통령을 움직인 민족주의 정서를 감안해, 워싱턴에서는 한국의 요구를 들어주는 방향으로 결정이 이뤄졌다. 한국의 국방장관이 공식적으로 럼스펠드에게 이 문제를 제기했을 때, 그는 놀랍게도 다음과 같은 답변을 들었다. '귀측의 계획에 대한 문호는 열려 있다. 우리는 귀측의 계획을 기꺼이 받아들이겠다.'[주5]

그렇게 해서 전시작전통제권을 2012년 4월에 받아 오기로 되어 있었어. 그런데 이명박 정부 들어 이것을 2015년 12월로 연기했어. 미국도 받아 가라고 하는 전시작전통제권을 말이야. 이 전시작전통제권이 없으면 막상 전쟁이 벌어졌을 때 우리 군대를 사실상 미군이 지휘하는데…….

3장 통일의 역사에서 배우자

1. 고려 통일에서 얻는 교훈

🧑 **서설**　선생님, 통일을 위해서는 우리 역사에서 일어났던 통일 과정을 배우는 것도 필요할 것 같아요. 우선 후삼국을 통일한 고려의 왕건은 어떻게 통일할 수가 있었어요?

🧑 **정 선생**　그래. 우리 역사 속의 통일부터 살펴보자. 후삼국통일을 이룩한 고려가 결코 군사적으로 강국이어서 통일한 것 같지는 않아. 한 예로서 후백제가 신라를 공격하여 경애왕을 죽이는 등의 군사적 실력을 과시하고 돌아가는데, 고려 군대가 공산(지금의 대구)에서 몰래 숨어 있다가 후백제군을 공격했지. 하지만 고려군은 대패를 하고 왕건은 겨우 목숨만 부지하여 도망갈 정도였어. 부하인 신숭겸이 왕건의 갑옷과 투구를 쓰고 후백제 군을 유인하여 대신 죽음으로써 왕건이 도망갈 수 있었다고 전해 오지. 왕이 신하의 옷으로 변장하고 도망해야 할 정도로 고려군은 강한 군대가 아니었던 셈이지.

그런데 왕건에게는 후백제 견훤에게 없는 것이 세 가지 있었어.

31

첫째, 민생 안정을 위해서 될 수 있으면 세금을 적게 거두려 했어. 백성들의 고통의 원인이고 농민봉기의 원인이기도 했던 30%에 달하는 높은 세금을 10% 정도로 낮추었지.[주1] '백성은 먹는 것을 하늘로 안다.'라는 옛말이 있듯이 사람들은 생존의 위협을 받으면 사회에 대한 불만을 표출할 수밖에 없고 이는 사회 불안의 근본 원인이 되기도 해.

둘째는 새 사회에 대한 이상(비전)이 있었어. 즉, 신라의 골품제 사회가 귀족들도 등급을 나누어 인재를 고루 쓸 수 없게 할 뿐만 아니라 당시 권력층 사이에도 불만이 높은 것을 빨리 알아차렸어. 그래서 과감하게 골품제 사회와 같은 폐쇄적인 사회를 개혁하겠다는 이상을 명확하게 제시했던 거지.

셋째는 포용력을 발휘하여 지방 세력가인 호족과 당시 정신세계를

지배하던 불교 세력을 자기편으로 끌어들일 수 있었어.

결국 고려의 왕건이 통일할 수 있었던 것은 민생 안정책과 새 사회의 이상, 포용력이 있었기 때문이야. 위대한 지도자는 백성들의 어려움을 덜어주고 꿈을 갖게 하고 사람을 폭넓게 포용할 만한 덕성이 있어야 한단다. 사람은 꿈을 먹고 살게 되어 있어. 아무리 어려워도 희망이 있으면 이겨나가거든.

이런 역사적 사실이 우리에게 주는 교훈은 명백해. 왕건과 같이 민생을 안정시키기 위해서도 통일을 성장 동력으로 삼아야 한다는 것이지. 그리고 북유럽의 복지국가 모델을 이상으로 제시하고 북한 지도자도 포용하는 덕성을 보여야 통일은 이루어진다고 생각해.

2. 중립화 통일에 성공한 오스트리아

해밀   세계의 역사에서 통일한 나라의 통일 과정을 이야기해주세요.

정 선생   그래. 이제 현대의 통일 중에서 가장 빠른 오스트리아 얘기를 해보자. 오스트리아는 1938년 독일의 히틀러에 의해 독일 제3제국의 1개주로 합병되었어. 그래서 2차 세계대전을 일으키는 데 가담해 패전국이 되고 독일과 함께 분단되었지. 미국, 영국, 프랑스, 소련에 의해 '통제조약'이 체결되었고, 이 협약에 따라 오스트리아는 1945년 7월에 4개 구역으로 쪼개졌어. 그러나 분할 점령 3개월 전부터 통일에 대한 논의가 시작되었어. 온건 사회주의자 칼 레너가 중심이 되

어 임시정부가 구성되어 통일 논의를 시작했는데, 여기에는 사회주의자와 보수주의자가 모두 참여했어.[주2]

이 당시 승전국이자 공산주의 진영의 지킴이였던 소련은 오스트리아가 정치적으로나 문화적으로 미·영·프 등과 같은 자본주의 진영에 가깝다는 사실을 알고 있었어. 그래서 이들 진영에 흡수될 것을 걱정했지. 이를 눈치챈 오스트리아는 '중립국'으로 남을 것을 소련에 지속적으로 확인해주며 자기들 생각대로 통일을 이루기 위해 힘을 썼어.

한편 오스트리아 의회는 1952년 4월에 자기 나라 문제를 유엔에 상정하여 국제적 관심을 유도했단다. 유엔은 오스트리아의 독립과 주권회복을 위한 조약을 체결하도록 관련 국가들에게 권고하는 결의안을 채택했어. 또한 1953년 6월에는 당시 비동맹 운동의 지도적인 위치에 있었던 인도를 통해 소련의 협력도 요청했지. 이때 소련은 오스트리아를 통해서 독일과 북유럽 국가들이 서방진영에서 중립화되었으면 하는 바람으로 중립화 통일을 지지했어.

오스트리아 통일 과정에서 무엇보다 중요했던 것은 임시정부를 중심으로 단일 행정체계를 만들었던 것이야. 또 민족 내부의 이데올로기 대결과 분단 고착화의 악순환을 피할 수 있었다는 점도 크게 작용했겠지. 결국 1955년 6월 오스트리아 의회는 오스트리아가 영세중립국임을 만장일치로 선언하였고, 4강의 분할 점령군들은 모두 철수하여 10월 25일 완전 통일을 이룰 수 있었단다.[주3]

3. 통일의 후유증으로 전쟁까지 치른 나라, 예멘

서설 부럽네요. 임시정부를 중심으로 단결하고, 유엔을 통해 자신들의 독립과 통일을 위해 주도적으로 나서는 모습이요. 이제 통일을 해낸 다른 나라의 예를 더 알려주세요.

정 선생 서아시아의 예멘을 들 수 있겠구나. 예멘은 16세기 초부터 오스만투르크의 지배를 받았단다. 하지만 19세기 중반에 남예멘은 영국이 점령하여 지배하게 되었고, 독립하고 나서 소련의 영향을 받아 중동 지방의 유일한 사회주의 국가가 되었지.

반면 북예멘은 회교 군주국을 거쳐 자유주의 공화국이 되었어. 남북 예멘은 각기 상대방 체제를 뒤집어엎고 무력 통일을 꿈꾸었지. 하지만 어느 쪽도 압도적인 무력을 갖지 못해서 무력 통일을 달성할 수 없었단다. 결국 우여곡절 끝에 북예멘의 진보적 정권과 남예멘의 실용주의 정권은 화해 협력을 통해 1990년 합의 통일을 했지.

하지만 북예멘 인구의 4분의 1밖에 안 되는 남예멘을 대등한 지격으로 포용한 합의 통일 방식은 북예멘 보수 세력의 심한 반발을 초래하여 결국 다시 분열되고 말았어.[주4] 그러다가 내전이 발생하여 7,000여 명의 사상자를 내고 1994년 다시 통일되었지.

서설 통일도 잘못하면 예멘의 경우처럼 전쟁이 나기도 하는군요.

정 선생 그렇단다. 통일은 서로 대립하는 두 정권이 합의한다고 해서 되는 것이 아니라 통일을 이루려는 국가의 내부 정치세력을 잘 통합해야 한다는 것을 보여준단다. 우리나라도 내부 갈등이 심한 나라인데 새겨야 할 중요한 역사적 교훈인 셈이야.

4. 독일은 이렇게 통일했다

🧑 **해밀** 독일은 우리에게 가장 중요한 교훈을 줄 것 같은데요.

🧑 **정 선생** 다른 나라의 통일 역사보다 독일 통일의 역사가 우리에게 주는 교훈이 많으니 조금 자세히 설명해볼게. 정용길 선생님의 글을 중심으로 말해줄게.[주5]

잘 알려져 있다시피 독일은 2차 세계대전을 도발한 나라이지. 그래서 독일을 분할하여 영구 농업국가로 만들어 다시는 강대국으로 부상할 수 없도록 한 계획이 2차 세계대전 중에 미국의 재무장관이었던 모르겐소에 의해 마련되었어. 그리고 독일의 패전으로 독일 분단은 현실화되었지.

그러나 독일 민족은 연결의 끈을 놓지 않았어. 1954년 동·서독 두 의회의 의장들이 기독교대회에 참가하여 토론을 했어. 또 동독 노동조합연맹 대표들이 그 당시 바이에른 홍수 대책으로 서독에 복구비 보조를 제의하는 등 끊임없이 접촉의 실마리를 찾고자 노력했단다.

1961년 6월에는 미국의 케네디 대통령과 소련의 흐루쇼프 서기장이 비엔나에서 정상회담을 갖고 독일의 통일 문제는 동·서독의 '국내문제'라고 선언하였어. 그렇지만 그해 베를린을 동서로 나누는 베를린 장벽이 설치되었지.

그래도 동·서독은 교류를 멈추지 않았어. 특히 경제적인 면에서 주목할 점은 서독의 마르크화 대 동독의 마르크화의 환율은 1:4였는데 동독의 요구로 1:1 환율로 계속 교역했다는 거야. 이는 서독이 동독의 물건을 실제 값보다 4배나 높은 가격으로 사줬다는 뜻이지. 특정 물품에 대해서는 반입과 반출 허가를 받지 않고 신고만 하면 되는 규정을 두어 교역의 신속화를 꾀했다는 점도 새겨볼 만해. 또 동독 민간인들에게 서독 방문을 완전히 차단했을 때에도 상인들에게만은 서독 방문을 항상 허용했단다.

🙍 **서설** 서독이 서로 교류하고 교역하는 데 세심하게 신경을 쓰고 있었네요. 우리가 배울 만한 서독의 정책은 뭐가 있을까요?

🧑 **정 선생** 동방 정책이 있는데, 서독이 소련을 비롯한 동유럽 여러 나라에 대해 실시한 정책이란다. 동독을 국제법적으로는 국가로 인정하지 않았지만 국내법적으로는 승인하였어. 왜냐하면 국제법적으로 승인한다는 것은 서로 독립국가로 인정하여 영구 분단으로 가는 것을 의미했거든.

동방 정책을 추진한 서독의 브란트는 언론과 노조, 기업가 단체로부터 지지를 얻어 총선에서 승리하였어. 그는 총리가 되어서도 실용주의자의 길과 민주적 토론 문화, 문호 개방 등으로 자신이 거느린 사민당 내에서 좌우 대결이나 세대 갈등을 잘 이겨나갔던 훌륭한 지도자였다고 해.

그리고 서독의 겐셔 외무장관은 동독 주민들이 서독에 살고 싶도록 해야 한다고 했고, 통일되어도 걱정하지 말라는 메시지를 동독 지도층에게 주었다고 해. 그리고 통일 이후에도 나토(NATO, 북대서양 조약기구)군 주둔을 인정하겠다고 해서 주변국들을 안심시켰어.

🙍 **서설** 그 정도의 정책만으로 주변국들이 안심했을까요? 세계대전
을 두 차례나 일으킨 나라잖아요.

😊 **정 선생** 맞는 말이지. 그렇지만 그들의 진정성을 보인 사건이 일
어났어. 1970년 서독과 폴란드의 관계 정상화를 담은 '바르샤바조약'
을 체결하기 직전인 12월 7일이었지. 비가 오는 중에 브란트는 바르샤
바 게토(유대인 거주 지역)의 반나치 저항 투사들의 추모탑 앞에서 무
릎을 꿇어 세계의 이목을 한 몸에 받았단다.[주6] 독일인을 대표하여 엄
숙하고 진정성 있게 반성하는 모습을 보여 주변 국가들이 독일에 대
해 안심하게 되었지.

이때의 행동에 대해 브란트는 전혀 계획된 것이 아니고 마음에서
우러나서 하게 되었다고 했어. 물론 충분히 진심 어린 행동이었다고

봐. 브란트는 독일인이면서 나치에 대항해 싸웠다는 것 때문에 의회에서도 "조국에 대한 배신자"라는 말을 들었던 사람이었거든. 그는 "인간의 말이 소용없을 때 가슴이 시키는 대로 행동했을 뿐"이라고도 말했단다. 또 "말로 표현할 수 없는 역사적 책임, 즉 독일을 제1·2차 세계대전 전범 국가의 오명으로부터 도덕적으로 복권시켜야 할 의무가 있었기 때문"이라고 당시를 회고하고 있어.

그는 1963년 서베를린 시장으로 있을 때 베를린 장벽에 막혀 가족·친지들과 함께 보낼 수 없는 사람들을 위해 동독과 질긴 협상 끝에 '통행증 협정'을 맺었어. 그 결과 1963년에서 64년에 120만 명이 크리스마스 휴가를 함께 보낼 수 있었다고 해. 베를린 장벽에 비로소 작은 틈이 생겼고 사람들은 일시적이나마 생기를 찾았던 거야.[7]

근본적이고 근원적인 문제들에 매달려 구체적이고 현실적인 성과들을 놓치지 않는 것이야말로 브란트의 평화 정치의 근간이었다고 해. 브란트는 이를 일찍부터 '작은 걸음 정책'이라고 불렀단다.[8]

한편 주변국들은 독일이 통일되어 강력해지는 것을 두려워하면서도 독일 통일 과정은 과거와 다르다고 보았지. 비스마르크식의 강력한 군사력이나 외교술에 의한 통일이 아니고 국민들의 민주적인 자유의사에 의한 평화적 방법으로의 통일이기 때문이야. 그리고 나토 휘하에 들어와 집단안보체제 속에서 안보 문제를 구상하기 때문에 통일된 독일도 주변국들과 공존할 수밖에 없을 것이라고 내다보았다고 해.

남북한 합쳐서 180만에 달하는 군대와 엄청난 무기를 갖춘 우리를 바라보는 주변국들과의 관계에서 우리가 어떤 태도를 취해야 하는지

암시해주는 내용이지.

한편, 스톨텐베르그 국방장관 같은 이는 통일 독일은 독일의 모든 국민에 대해 방위의 책임을 져야 하기 때문에 나토 휘하에 있을 수 없다고 말했어. 비록 그의 말대로 되지는 않았어도 자주적인 자세가 돋보이지 않니?

독일의 통일 과정에서 우리의 통일부에 해당하는 양독성兩獨省은 여당 속의 야당이었지만 국민들은 잘 이해했어. 왜냐하면 장기적인 안목에서 통일로 가는 길에 그들이 그런 임무를 수행해야 한다는 인식과 공감대가 있었기 때문이래. 이 때문에 지금도 동·서독 시민들은 양독성을 존경한단다.[주9]

독일 통일에 결정적인 기여를 한 것은 동·서독 간에 체결한 '통화·경제·사회 통합을 위한 조약'이었어. 서독의 마르크화를 동독에 통용시킨다는 의견에 동독 응답자의 90% 이상이 처음부터 긍정적인 반응을 보일 정도였어.[주10]

🧑해밀   훌륭한 정책을 추진했네요. 경제력이 앞선 서독에는 동독에 대한 우월감이나 멸시하는 분위기가 없었나요? 금강산 관광을 간 남한 관광객이 북한 사람들을 무시하는 말들을 했다고 하던데요.

🧑정 선생   서독인들이 자만심을 갖고 업신여기거나 훈수를 하는 경우도 있었다고 해. 그렇지만 "통일로 빚어지는 부작용을 해결하기 위해서는 특히 서독 시민들의 불이익이 요구될 수 있다." 그래도 "이를 감수할 수 있어야 한다."는 의견이 토론 같은 데서 많이 나왔다는 거야.

그리고 동·서독 간에 문화적으로 소통하는 과정에서 "동·서독 어느 한쪽의 이데올로기가 일방적일 수 없다고 느끼게 했고, 독일 공통의 문화가 나뉘어 있음이 부당하다는 것을 언제나 일깨웠다."고 해.[주11]

5. 독일 통일이 주는 교훈

🙎 **서설** 독일 통일에서 배울 것이 한두 가지가 아니네요. 그중에서 가장 중요한 점은 무엇인가요?

🙎 **정 선생** 첫째, 서독의 적극적인 통일 노력이지. 서독은 어떤 대가를 치르더라도 통일을 해야겠다는 의지가 확고했어. 통일을 하는 데 당시 소련의 지도자였던 고르바초프의 승인이 중요했는데, 그에게 통일 대금을 치르면서까지 통일에 매진했어. 그리고 불안정한 소련에서 고르바초프가 내려오기 전에 통일을 하려고 노력했단다.

두 번째는 동독 스스로 민주화를 위한 노력을 했어. 교회를 중심으로 민주화 운동을 했지. 당시 동독 교회는 국가와 거리를 두면서 전국적인 영향력을 지닌 유일한 거대 조직이었어. 서독 입장에서 동독 교회는 동독인들의 생활상과 근심 걱정을 전해주는 가장 신뢰할 수 있는 정보원이었다[주12]고 해.

세 번째로는 서독의 경제력과 외교력이지. 통일을 대비하여 미리 통일기금을 모으고 외교력으로 주변국들을 안심시키는 그들의 능력은 아주 현란하기까지 했어.

네 번째는 철학이 있고 품격 있는 지도자와 교양 있는 시민들의 조화가 중요하다는 것이지. 통일을 위해 상당한 불편과 희생을 감내할 줄 아는 자세가 일류 시민다웠어. 통일 당시의 대통령이었던 바이체커 대통령은 회고록에서 "통일 비용은 여전히 엄청난 규모로 남아 있다. 이것은 수십 년이 지나고 난 후에 청구된 전쟁 피해 보상금이었다. 그러나 이 돈은 승전국으로 가지 않고 독일 내에 머무르는 것이었다."[주13]라고 썼어. 여기에 지도자와 국민이 공감했는지는 알 수 없지만, 확실한 점은 자신들이 저지른 죄에 대한 속죄의식이 없었다면 이런 자세가 나올 수 없었다는 거지. 그리고 자기 민족에 대한 사랑이 없었다면 이러지 못했을 거야.

바이체커는 또 회고록에서 "자신과 동독의 마지막 총리가 통일 기념행사에서 서로 여러 차례 강조한 것으로 하나가 된다는 것은 나눔을 배우는 것이다."[주14]라고 했어. 멋지지 않아?

그리고 "나눔은 물질적인 것만을 의미하지는 않는다. 서로 나눌 때 진정 상대의 가치를 알게 된다는 근본적인 경험이 중요한 것이다."[주15]라고도 했어. 이래서 그를 철인 정치가라고 일컫는지도 모르겠구나.

동방 정책으로 독일 통일의 중요한 기초를 놓았던 브란트 수상은 1989년 11월 9일 베를린 장벽이 무너지자 "원래 하나였던 것이 이제 함께 성장한다."[주16]는 말로 다가올 독일 통일의 의미를 제대로 표현했단다.

🧑 해밀 통일을 이루는 데 지도력이 중요하네요. 지도자에게 어떤 능력이 필요한가요?

🧑 정 선생 관찰력이 좋구나. 그 지도자들에게서 우리가 배울 점이

몇 가지 있어. 급변하는 세계정세를 꿰뚫어보아 자기 나라에 유리하게 이용하는 판단력과 추진력이 가장 중요하지. 그에 더하여 여론을 잘 이끌어나갈 수 있는 능력과 적절한 시기에 주변 국가를 설득해낼 수 있는 외교력도 필요해. 독일의 경우 바이체커 대통령과 브란트 총리, 겐셔 외상 등이 이런 능력을 충분히 발휘했어.

하지만 통일을 이끄는 지도자의 가장 중요한 자질은 통일에 대한 올바른 철학과 그를 뒷받침할 열망이야. 특히 독일의 지도자인 바이체커는 존중과 나눔을 통해 하나 되고 연대하는 것을 중요시하여 독일 통일을 이끌었단다.

내가 가장 부러운 것은 독일 언론인인 페터 벤더Bender가 말했듯이 "동·서독을 통틀어 어떤 정치가도 독일 통일을 위해 세계를 불안하게 할 만한 여지가 있는 극히 사소한 일조차 하려 하지 않았다."[주17]라는 말이야.

🧑 해밀 우리에게도 이런 지도자가 있었으면 좋겠어요. 우리나라에는 왜 없는 건가요?

🧑 정 선생 우리나라에도 있었단다. 예를 들면 6·15 남북공동선언을 이끌었던 김대중 전 대통령은 서독의 브란트 총리와 견줄 만했지. 김대중의 햇볕정책은 북한을 포용하고 교류와 협력을 통해 통일을 추구했기 때문에 브란트가 동독을 포용했던 동방 정책과 닮은 점이 많거든. 김대중 정부 때 시작되거나 기초가 만들어져 금강산 관광이나 개성공단도 가동되었으니 말이야.

그보다 6·15 남북정상회담 이후 가장 중요한 변화는 CNN 기자가 지적했듯이 "북한을 더 이상 적이 아닌 빗나간 사촌으로 보기 시작"[18]했다는 점일 수도 있어.

조금 아쉬운 것은 여당과 야당이 합심해서 통일 정책을 추진하지 못해서 정권이 바뀐 뒤에 그동안의 성과가 계승되지 못했다는 점이야. 앞으로는 통일 문제만큼은 여당과 야당을 가리지 않고 합심해서 끌고 나갈 수 있는 포용력 있는 지도자가 나왔으면 해. 그러기 위해서는 국민들이 선거에서 올바른 선택을 해야 하지.

무슨 말이냐 하면, 좌우익으로 국민을 분열시키거나 지역감정을 조장하여 권력을 얻으려는 지도자를 선택하면 안 된다는 것이지. 그렇게 되면 우리 민족의 원대한 미래를 이끌어 갈 능력 있고 품격 있는 지도자를 만날 수 없으니까.

프랑스의 역사학자이자 종교학자인 에르네스트 르낭Ernest Renan은 "국가란 매일매일 하는 국민투표"라는 말을 했어. 이 말은 국가가 늘 변한다는 것을 의미한다[19]고 해. 국민이 어떤 여론을 일으켜 정책을 선택하고, 또 선거에서 어떤 지도자를 선택하느냐에 따라 국가는 달라질 수 있다는 것이지. 그만큼 역동적으로 변화할 수도 있는 것이 국가란다.

🧑 서설 독일 통일을 보면서 우리가 반복하지 말아야 할 실수도 있나요?

🧑 정 선생 물론이지. 큰일을 하다 보면 몇 군데 예측하지 못한 문제점이나 가볍게 예측했으나 심각하게 나타난 문제점이 있을 수 있지.

독일인들이 가장 후회한 것이 동독 화폐를 서독 화폐와 1:1로 교환

한 것이었어. 그만큼 동독 물건은 같은 값에 비해 더 가치 없는 것으로 취급되어 안 팔려서 공장 문을 닫게 되었지.

그것은 당시 독일 대통령인 리하르트 폰 바이체커의 회고[주20]에 의하면 독일 통일을 지지했던 소련 고르바초프 공산당서기장의 권력 기반이 약해서 언제 권력을 잃을지 몰랐다는 거야. 그래서 그가 권좌에 있을 때 통일을 서두르다 보니 화폐교환 등에서 동독인들이 동의할 만한 제안을 한 것이라고 해. 어떤 사람들은 이렇게 화폐교환 비율을 비현실적으로 하는 점을 근거로 독일 통일은 돈으로 샀다고 혹평하기도 하지. 하지만 나는 그렇게 보지 않고 통일 기회를 놓치지 않으려고 한 독일인들의 노력을 높게 평가해.

🧑 **해밀** 가슴에 와 닿는 비유네요. 그래도 독일 사람들은 통일에 대해 후회하지 않는다죠?

🧑 **정 선생** 그래. 아 참! 인상에 남는 얘기를 하나 들려주지. 통일되고 얼마 후에 독일이 상당한 혼란을 겪을 때 우리 기사가 독일 내사에게 "통일한 것을 후회하지 않느냐."고 물어봤다고 해. 그랬더니 독일 대사가 "통일을 후회한다면 구멍가게 정도밖에 못 할 사람이다. 우리는 20년에서 30년 앞을 내다보고 통일했다."고 대답했단다. 아니나 다를까 요즈음 그리스나 스페인이 재정 위기에 처했을 때 모두 독일을 쳐다보고 있었어. 그만큼 통일 후에 독일은 대국이 되었단다.

4장 통일 비용 겁낼 것 없다

1. 통일 비용, 대체 얼마나 들까?

서설 선생님, 통일을 하게 되면 엄청난 통일 비용이 들 것이라고 하던데 사실이에요?

정 선생 결론부터 말하면 통일 비용은 많이 들지만, 우리가 감당 못할 정도는 아니야. 왜냐하면 소비하는 돈이 아니라 우리 민족에게 투자하는 것이고, 그것이 증발해버릴 돈은 아니거든. 그렇게 보면 통일 비용보다는 '통일 투자'라는 개념으로 생각하면 되는 거야. 경부고속도로 내고 포항제철소 만들 때 들어간 자금이 다 경제 발전을 위한 투자였고 그러한 투자가 경제 발전의 토대가 되었듯이.

서로 다른 제도를 통합한다든지, 통일하는 과정에서 급변 사태에 대비하는 비용이 들겠지. 이런 비용적인 면이 없지는 않지만 대부분은 우리 민족의 장래를 위해서 투자하는 성격이 더 강하다는 말이지. 즉, 북한 지역의 경제 발전을 위해서 철로 기반 공사를 다시 하고, 고속도로를 내고 발전소와 공장을 짓는 등등에 보다 많은 재원을 투자하는 것이거든. 비용이라고 하면 아깝겠지만 투자라고 생각하면 미래 지향적인 개념이라서 더 기쁜 마음으로 지출할 수 있지 않겠니.

🧑 서설   그래도 많이 드는 것은 사실이죠? 얼마나 들까요?

😤 정 선생   이른바 통일 비용은 통일을 어떤 방식으로 언제 하느냐에 따라서 달라질 거야. 그리고 북한을 어떤 단계에까지 이르게 하느냐에 따라서도 달라지고, 연구하는 사람들의 계산 방식에 따라서도 달라지니까 차이가 많이 나게 되어 있어.

보통 통일 비용이라고 하면 통일 후 10년간의 비용을 말하는데 통일 비용을 추산해본 전문가들의 수치를 평균으로 계산해보면 6,000억 달러라는구나. 요즘 환율을 적용하여 우리 돈으로 환산하면 670조 원이야. 한 해에 67조 원씩이 투자되어야 하니까 엄청난 비용이라고 할 수 있지. 2009년 국민소득GNI이 8,372억 달러니까(우리 돈으로 935조 원) 통일 비용은 국민소득의 약 7%에 해당하지.[주1] 쉽게 말하면 매년 1,000만 원 버는 사람을 기준으로 매년 70만 원을 통일 비용으로 내야 하는 것이지. 그것도 국민 모두가 이 돈을 매년 10년간 내야 한다는 말이야.

🧑 해밀   너무 큰 부담이라서 국민들이 통일에 반대하겠어요.

😤 정 선생   하지만 그런 게 아니란다. 우리가 막대하게 투자하고 있는 국방비가 GDP에서 3%를 지출하고 있어. 그것을 1%로 줄이면 2%의 여윳돈이 생기지. 또 국제금융기구로부터 장기간 값싼 이자로 1% 빌리고, 국채 발행으로 3%, 국민들이 내는 세금으로 1%를 충당하면

된다는 주장이 있어.[주2]

🧑 **해밀** 그래도 세금을 10년 동안 GDP에서 매년 1%씩 더 내야 한다면 국민들이 싫어하지 않을까요?

🧑 **정 선생** 물론 그렇지. 아무리 장밋빛 전망이 있어도 내 호주머니에서 돈 나가는데 좋아할 리는 없겠지. 하지만 사람들이 재산을 불리기 위해서 투자하는 펀드로 통일 비용을 조성하는 방법이 있어. 북한의 광물 투자나 민간자본으로 조성되는 고속도로를 만들어 거기서 나오는 수입을 펀드 수익금으로 돌려주면 세금을 적게 거두고도 통일 비용을 조달할 수가 있지. 은행에 예금해도 금리가 낮아서 매력을 느끼지 못하는 사람들이 수익이 많이 나는 펀드에 투자하려는 경향이 강하거든.

🧑 **서설** 그런데 국제금융기구에서 빌리는 돈과 국채를 발행하는 돈은 다 후세의 빚으로 남지 않나요? 우리 세대의 빚 말이에요.

🧑 **정 선생** 경제관념이 투철하구나. 신세대답게 말이야. 하지만 통일의 혜택 역시 신세대들이 누릴 테니까 후세에 넘겨도 크게 불만을 가질 사항은 아니라고 생각해. 그 빚이 지나치지만 않으면. 이를테면 군복무 기간이 획기적으로 단축되거나 또는 직업군인제도 정착으로 군대에 가지 않아도 되는 혜택을 누릴 수도 있고 말이야.

또 취업난으로 받는 스트레스도 줄어들어 삶이 여유로워질 수 있어. 통일 후 일자리가 엄청나게 늘어서 본인의 조기 퇴직으로 인한 생계 불안이 해소되는 혜택을 받게 될 거야. 취업 스트레스가 줄면 삶이 여유롭고 낭만적으로 되지 않을까.

그리고 통일이 되면 북한과 대결 상태에서 발생하는 위험성 때문에 기업의 주식가치가 20% 정도 낮게 평가되는 이른바 '코리아 디스카운트Korea Discount'라는 것이 없어져 그만큼 우리 경제가 활성화될 수도 있단다. 오히려 한국 증시에 외국인의 투자가 급격히 늘어나고, 한국의 대외적 국가 브랜드 가치가 상승하게 되겠지. 그러면 '코리아 프리미엄Korea Premium'이라고 한국에 대한 선호 현상이 경제 분야에서 나타날 수도 있을 거야.

🙍 서설 국방비를 3분의 1로 줄여도 되나요? 안보에 대한 불안감이 많지 않을까요?

🧑 정 선생 그래. 그것은 국민에게 충분히 설명해야 할 부분이지. 일본은 GDP 1% 범위에서 국방비를 쓰면서 한동안 세계 2위의 경제 대국이 된 적이 있어. 태평양전쟁을 일으킨 죄과로 그들이 다시 침략하지 못하도록 평화헌법이 만들어지면서 역설적으로 경제 발전이 이루어진 거야. 지금은 중국에 그 자리를 내주었어도 3위의 경제 대국이잖니.

우리는 남북 분단과 대결의 지속으로 너무 많은 국방비를 지출하고 있어. 스톡홀름 평화연구소의 발표에 따르면 대한민국의 군사비는 2012년에 317억 달러(한화 약 33조)에 이르고 세계 12위 수준이란다. 매일 국방비로 904억 원씩을 쓰고 1인당 65만 원을 국방비로 낸 셈이지.[주3] 그보다 더 큰 문제는 무기 구입비가 2008~2012년간에 세계 4위라는 사실이야. 2012년에는 14조 원 규모의 무기 구입을 결정하였어.[주4] 그해 명목 GDP 1,272조 원의 1.1%에 달하는 막대한 돈을 무기 구입에 쓴 것이지.

이런 돈을 분단 비용이라고 하지. 이것을 줄여서 통일 비용으로 충당하자는 얘기란다. 1인당 국방비 부담액 65만 원 중에 3분의 2인 43만 원만 줄여 통일 비용에 쓰면 1인당 부담액이 70만 원에서 27만 원으로 줄어드는 거야. 그러기 위해서는 NATO와 같은 다자안보협정을 맺어서 안보에 대한 불안감을 줄여나가면 돼. 그리고 다자안보협정은 우리가 주장하는 것이 더 자연스러워. 강대국일수록 이런 움직임을 주도하기는 어려움이 있거든. 패권 경쟁에 대한 국민적 정서가 뒷받침되고 있어서 강대국이 나서서 이러한 행동을 이끌어나가기는 어렵다는 얘기지.

2. 통일 비용보다 더 큰 통일 편익

🧑 해밀 북한의 지하자원을 활용하면 통일 비용이 줄어들 수도 있지 않나요. 그러면 외국에서 사 오는 데 드는 외화 낭비를 줄이면서 우리 경제를 발전시킬 것이라고 하던데요.

🧑 정 선생 잘 배웠구나. 지금 북한에 매장된 광물의 잠재가치는 가장 적게 추정한 통계에서도 6,381조 원[주5]이니 통일 비용 670조 원의 10배 가까이 되는 막대한 양이지.

그런데 이런 광물을 캐내서 쓰려면 전기를 생산할 발전소가 있어야 하고 광물을 수송할 도로도 놓아야 하고, 제련할 공장도 세워야 하겠지? 그런 돈도 다 통일 비용에 포함되어 있단다. 그리고 이 통일 비용은 북한 경제를 살리면서 동시에 남북한 주민의 일자리를 만들 거야. 그만큼 소득이 생겨서 경제 성장으로 이어질 거란 말이지. 통일이 되면 실업자는 사라지고 연간 11%의 경제 성장이 지속된다는 주장[6]이 있을 정도야.

또 분단 비용은 분단이 해소되지 않는 한 계속 지출되지만 통일 비용은 10년 정도만 지불하면 돼. 게다가 분단 비용의 상당 부분은 외국에 지불하지만 통일 비용은 우리나라에서 쓰이니까 그만큼 우리 경제 성장으로 되돌아오는 효과가 있을 거야.

🧑 해밀 북한 사람들이 부지런하게 일해야 할 텐데 사회주의적 습성으로 열심히 일하지 않는 습관이 있는 것은 아닐까요?

🧑 정 선생 그건 걱정하지 않아도 될 거야. 열심히 일해도 보상이 없

통일 비용은 몇 년만 내고 우리나라에 남는 거야.

분단 비용은 계속 지불해야 하고 외국에 나가는 돈도 많다.

으니 그러는 것이지. 북한의 7·1조치라는 경제개혁 조치로 수익이 생기면 더 많은 수입이 보장된 이후로 밤 8시에 문 닫던 고려호텔 카페가 밤새 영업하는 것을 목격했다고 하더라. 그리고 개성공단 근로자들이 열심히 일해서 진출한 기업은 나름대로 만족하고 있어. 교육 수준도 높고 말이야. 원래 우리 민족이 부지런하고 교육열이 강한 특성은 세계가 인정하고 있잖니.

그런데 북한 근로자들이 야근을 하면 힘들어서 다음 날 결근율이 높아진다고 하더구나. 그만큼 굶주림 등으로 체력이 약화되어 있는 것은 우리가 많이 생각해두어야겠지.

우리의 음식물 쓰레기 처리 비용이 얼마나 되는지 아니? 통계청에 따르면 전체 음식물의 7분의 1가량이 버려지면서 연간 약 25조 원을 낭비하고 있다[주7]고 해. 이것을 반만 줄여 북한에 지원해도 장차 통일 비용의 상당 부분을 줄일 수 있을 거야. 북한 사람들이 영양실조 등으로 아파서 치료해줘야 할 보건의료비를 절약하는 길이 되기도 할 테고. 우리 속담에 "먹는 정情은 속으로 들어간다."고 했어.

통일은 서로 간에 마음이 하나 되는 것이 최종적인 단계인데, 특히 우리 민족은 정서적인 민족이라 정서적 유대감 형성은 아주 중요하단다.

서설 일부에서는 북한을 지원하는 것을 '퍼주기'라고 공격하는데 근거가 있나요?

정 선생 어떤 주장이든지 아무리 요란해도 그 근거를 살펴보는 것이 꼭 필요하지. 그래야만 나중에 객관적이지 않은 사실에 현혹당

연도	1995	1996	1997	1998	1999	2000	2001	2002	2003
대북 지원액 (억 원)	1,856	36	422	429	562	2,422	1,757	3,226	3,373
공적 개발 원조 (억 원, 원화 환산)	899	1,342	3,152	2,203	3,607	2,681	3,481	3,309	4,365

연도	2004	2005	2006	2007	2008	2009	2010	2011	2012
대북 지원액 (억 원)	4,230	3,926	2,982	4,397	1,163	671	404	196	141
공적 개발 원조 (억 원, 원화 환산)	4,378	7,607	4,231	6,515	10,101	9,502	13,323	15,261	16,606

하지 않을 수 있으니까. 나도 궁금해서 찾아봤더니 사실이 아니더라. 아무래도 객관적인 자료가 필요할 테니 표로 제시할게.

이 자료를 보면 알겠지만 우리가 개발도상국이나 후진국에 국가나 공공기관이 돕고 있는 공적 원조ODA 보다 북한에 지원한 액수가 많은 해는 딱 한 번 있었어. 1995년에 대북 지원액이 공적 개발 원조보다 유일하게 많았지.

다른 나라도 이렇게 도와주는데 우리 민족인 북한을 위해 주는 것을 아까워해서야 되겠니? 물론 우리의 국제적인 위상이 있으니 공적 원조를 해주는 것은 당연하지만, 우리 민족에게 인색하면서까지 그럴 필요는 없다고 보는 거야. 심지어 2012년에는 공적 원조가 대북 지원의 117배였어.

아까 네가 질문한 것으로 다시 돌아가서 보자. 개성공단 근로자 인건비 송금이나 금강산 관광 대금을 지급한 것을 가지고 퍼주기라고 말할 수도 있겠지. 하지만 이것은 거저 주는 돈이 아니라 우리와 교류 협력을 하는 과정에서 지불해야 할 비용이야. 물론 그 비용도 2조

8,000억 원(29억 8,000만 달러)^{주9} 정도이니 큰돈이라면 큰돈일 수 있지. 하지만 남북한 간에 연결고리가 되고 통일 후에 이용 가능한 시설이라면 통일 비용을 미리 투자했다고도 할 수 있지 않을까?

또 북한의 김정은 정권 붕괴 같은 북한 급변 사태에 따른 급진적인 통일이 점진적인 통일보다 통일 비용이 7배가 더 높다는 보고서^{주10}도 있으니, 북한의 갑작스러운 붕괴를 반길 수는 없는 입장이란 말이지.

3. 주의를 기울일 것은?

정 선생 통일이 되면 북한 주민에게 거주이전의 자유를 주어야 할까, 아니면 잠깐 보류해두는 것이 좋을까.

서설 오랜만에 한 민족이 만났으니 마음껏 교류해야겠죠.

정 선생 그런데 남북한이 수십 년 떨어져 살았으니 생활 수준과 문화가 많이 다르니 아무래도 불편한 것이 많을 거야. 그러니까 10년 정도는 북한 주민의 거주이전의 자유를 일정 정도 제한하면서 북한을 경제적으로 재건하는 데 집중해야 한다고 생각해. 그러면서도 꼭 필요한 일이 있으면 거주이전을 허용하고 말이야. 왜냐하면 생활 수준이 다르고 임금 수준이 달라서 사회 갈등이 나타날 수가 있으니 이걸 예방할 필요가 있기 때문이야.

서설 그런데 통일되면 북한에 땅 투기가 일어나고 혼란스럽지 않을까요?

정 선생 아, 생각이 무척 깊구나. 나는 자유롭게 사고팔 수 없게 하는 북한의 국유제도를 당분간 유지해야 한다고 생각해. 그래서 국가가 국토개발계획을 짜서 토지를 잘 관리하고 활용해야지. 땅 투기로 북한 땅값이 많이 오르면 통일 비용이 엄청나게 들지. 또 실향민들이 자기 땅이라고 주장하며 소송이나 집단행동이 벌어지면 북한 개발은 사회 혼란으로 이어지고 계속 허송세월할 가능성도 많아. 땅 투기가 일어나서 돈이 돈을 벌게 되면 가진 자와 못 가진 자 사이의 불화가 심해져 사회 통합이 어려워지겠지. 통일 후 가장 중요한 것이 합심해서 어려움을 이겨나가야 하는 것인데 말이야.

궁극적으로는 최소한 토지를 소유할 수는 있어도 토지의 사용은 공공 목적에 맞게 하는 토지공개념을 도입해야 한다고 생각해. 통일되었다고 북한에 가서 땅 투기로 돈을 벌어보려는 심리를 처음부터 차단해야 하지. 꿈도 꾸지 못하게 말이야.

통일 후에 우리 민족의 장래를 위해 한마음이 되면 힘들어도 이겨나갈 수 있을 거야. 그러나 자신의 배만 불리려고 하는 자들이 일도 안 하면서 돈이나 적당히 굴려서 떵떵거리고 살게 된다면 많은 국민들이 힘이 빠져버리지 않겠니. 경제적인 숫자놀음보다 중요한 것은 그러한 심리적인 보살핌과 국민적 사기를 올려놓는 일이야. 왜냐하면 항상 느끼지만 우리 국민은 계산적이기보다 정서적이야. 그러니까 "한마음 한뜻으로 10년만 고생하자. 그러면 후손들에게 영광되고도 명예로운 조국을 남겨줄 수 있다."라고 의기투합만 하면 안 될 일이 없을 거야.

1980년 5·18 광주민주화운동에서 수천 정의 총이 풀려 나갔어도 광주에서는 은행이 털렸다든가 금은방이 털린 일이 없이 스스로 하나가 되는 공동체 경험을 했어. 그에 비해 1977년 7월 핵발전소에 벼락이 떨어져 미국 뉴욕시가 12시간 동안 정전이 되었을 때, 수천 건의 약탈 사고가 일어나 현장에서 체포된 사람만 3,800명에 달했단다.[주11] 심지어 백화점 쇼윈도 안의 마네킹에 걸쳐진 옷도 벗겨 가고 말이야.

2002년 한일 월드컵에서 우리가 4강에 진출할 때 모두 신명으로 하나가 되니까 범죄도 많이 사라졌잖니. 이 월드컵 축구 중계를 휴전선 최전방 전광판에서 생중계 화면으로 보여주었더니 우리가 한 골을 넣을 때마다 북한군 초소에서 "와~" 하고 환호성이 올랐다는구나. 우리는 이렇게 하나가 될 수 있어.

인용한 책과 매체, 증언

1장 통일은 왜 필요한가?
주1 조민, 『한반도 평화체제와 통일전망』, 도서출판 해남, 2007, 239쪽에서 재인용.
주2 조민, 같은 책, 240쪽.
주3 〈'상품 투자의 귀재' 짐 로저스 회장 포브스와 인터뷰〉, 『동아일보』 2012년 5월 15일.

2장 분단 상처의 치유는 빠를수록 좋다
주1 〈자살율 1위 한 마을선 일주일 새 5명이… 충격〉, 『중앙일보』 2012년 9월 10일.
주2 〈출산율 3년 연속 올랐지만 여전히 초저출산 국가〉, 『조선일보』 2013년 1월 27일.
주3 〈남녀 결혼 기피 이유, 男女 공통 '경제적 문제'〉, 『한국경제신문』 2013년 4월 11일.
주4 「박명림의 한국전쟁 깊이읽기」, 『한겨레』 2013년 7월 2일.
주5 마이크 치노이, 『북핵 롤러코스터』, (주)참언론시사IN북, 2011, 444쪽.

3장 통일의 역사에서 배우자
주1 민현구, 「한국사에 있어서 고려의 후삼국 통일」, 『역사상의 분열과 재통일』, 일조각,
     1997, 59쪽.
주2 정미영, 「오스트리아 중립화 문화가 남북한에 주는 함의와 교훈」, 『남북문화예술연구』
     제6호,
주3 정미영, 앞의 글, 258쪽.
주4 김국신, 「통일협상과정에서 남북 예멘 내부의 권력투쟁」, 『통일정책연구』 10권 2호, 일
     조각, 2001, 96~97쪽.
주5 정용길, 「2차 세계대전 후 독일의 분열과 통일」, 『역사상의 분열과 재통일』, 일조각,
     1997, 212~226쪽.
주6 역사문제연구소, 「빌리 브란트, 민주사회주의와 평화의 창시자」, 『역사비평』 102호,
     2013년 봄호, 231쪽.
주7 역사문제연구소, 앞의 글, 229쪽.
주8 역사문제연구소, 앞의 글, 230쪽.
주9 박경서·서보혁, 『헬싱키 프로세스와 동북아 안보협력』, 한국학술정보, 2012, 391쪽.
주10 정용길, 앞의 글, 305쪽.
주11 KBS 라디오, 글로벌 기획 〈소통 파워〉 1부, 2013년 4월 11일 방송.

주12 리하르트 폰 바이체커, 『우리는 이렇게 통일했다』, 창비, 2012, 76쪽.
주13 리하르트 폰 바이체커, 앞의 책, 131쪽.
주14 리하르트 폰 바이체커, 앞의 책, 130쪽.
주15 리하르트 폰 바이체커, 앞의 책, 124쪽.
주16 역사문제연구소, 앞의 글, 235쪽.
주17 빌프리드 폰 브레도프, 「독일 통일을 위한 국제적 틀과 유럽 안보 환경의 변화」, 『한반
      도는 통일 독일이 될 수 있을까?』, 2010, 91쪽.
주18 마이크 치노이, 앞의 책, 471쪽.
주19 리하르트 폰 바이체커, 앞의 책, 173쪽.
주20 리하르트 폰 바이체커, 앞의 책, 104쪽.

4장 통일 비용 겁낼 것 없다
주1 조동호, 「통일 비용보다 더 큰 통일 편익」, 통일 교육원 주제 강좌, 2011, 48쪽.
주2 신창민, 『통일은 대박이다』, 창비, 2012, 33쪽.
주3 〈전쟁 위기 국면에서 맞이한 세계 평화군축의 날〉, 『미디어스』 2013년 5월 26일자.
주4 〈개성공단과 평화 비용〉, 『인천일보』 2013년 5월 7일자.
주5 최경수, 「남북지하자원개발 협력사업 추진방안」, 『남북 상생의 디딤돌, 북한지하자원』,
     2013 북한자원포럼, 2013, 3쪽에서 US $ 5,936,322백만을 2013년 9월 27일 환율
     1,075원으로 환산하여 조 단위 이하는 절사한 통계임.
주6 신창민, 앞의 책, 62쪽.
주7 〈음식물 쓰레기 이렇게 줄이세요〉, 『세계일보』 2013년 3월 28일자.
주8 대북 지원액과 공적 원조(ODA) 규모 비교표

연도	1995	1996	1997	1998	1999	2000	2001	2002	2003
대북 지원액① (억 원)	1,856	36	422	429	562	2,422	1,757	3,226	3,373
공적 개발 원조② =③×④ (억 원, 원화 환산)	899	1,342	3,152	2,203	3,607	2,681	3,481	3,309	4,365
공적 개발 원조③ (달러, 백만 달러)	116	159	186	183	317	212	265	279	366
환율($)④	775	844	1,695	1,204	1,138	1,264	1,313	1,186	1,192

연도	2004	2005	2006	2007	2008	2009	2010	2011	2012
대북 지원액① (억 원)	4,230	3,926	2,982	4,397	1,163	671	404	196	141
공적 개발 원조② =③×④ (억 원, 원화 환산)	4,378	7,607	4,231	6,515	10,101	9,502	13,323	15,261	16,606
공적 개발 원조③ (달러, 백만 달러)	423	752	455	696	802	816	1,174	1,325	1,551
환율($)④	1,035	1,011	929	936	1,259	1,164	1,134	1,151	1,070

출처: 대북 지원액-통일부 자료, 평화재단 평화연구원 2013 심포지엄, 김영윤 발표 자료 61쪽에서 재인용 /공적 원조-OECD 「International Development Statistics Online DB」, 통계청 홈페이지 2013년 7월 8일에서 재인용 / 환율-통계청 홈페이지 2013년 9월 23일.

주9 통일부, 『통일백서 2008』, 156~157쪽. 이종석, 『통일을 보는 눈』, 개마고원, 2012,
     218쪽에서 재인용.
주10 「미래기획위원회 보고서 2012년」, 이종석, 앞의 책 53쪽에서 재인용.
주11 〈도청에 끝까지 남은 그들을 기억하자〉, 『한겨레』 2013년 5월 25일자.

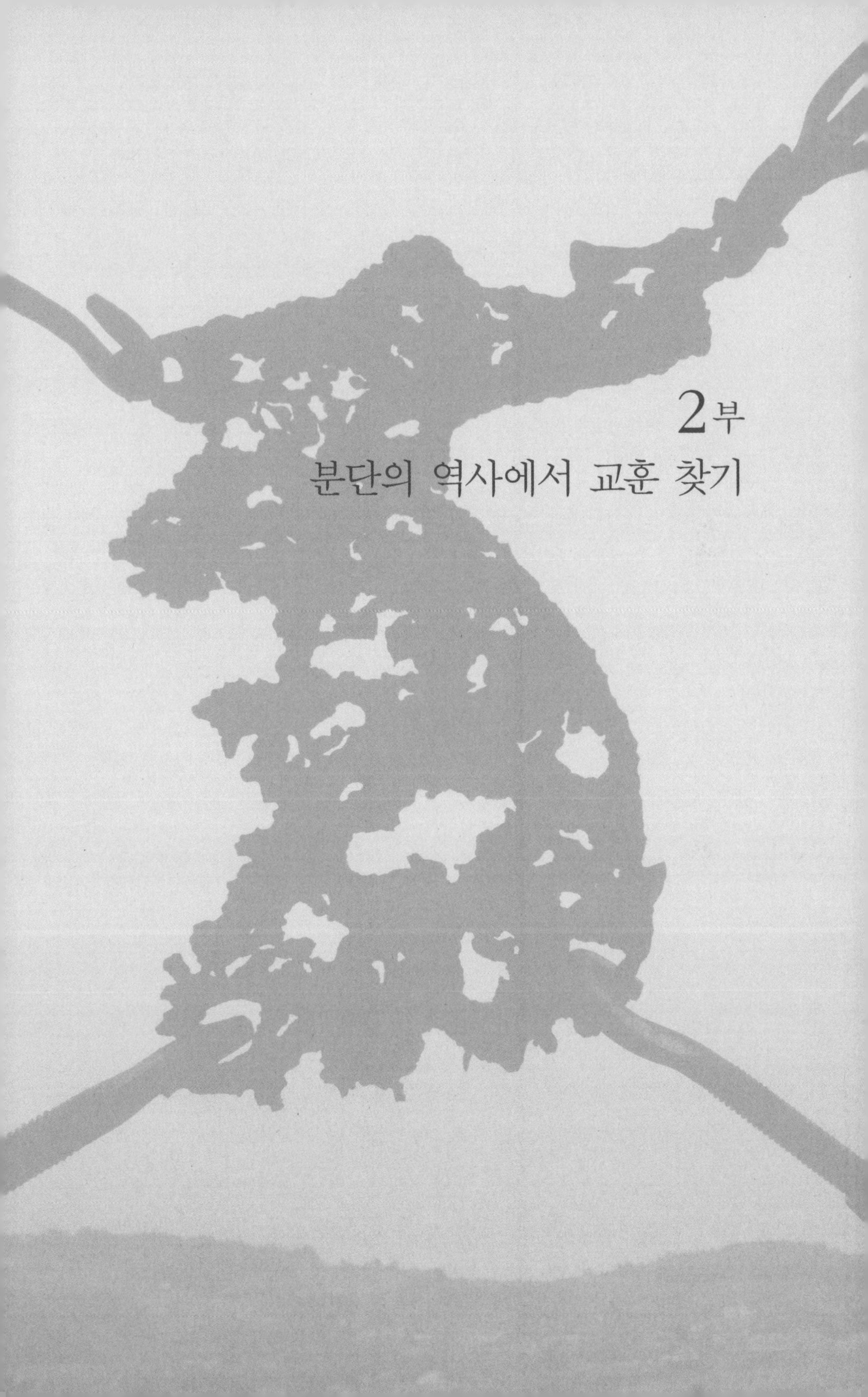

2부
분단의 역사에서 교훈 찾기

1장 아픈 분단의 역사

1. 왜 분단되어야 했나?

🧑 **해밀**　우리가 분단된 과정을 알고 싶어요. 독일은 2차 세계대전을 일으킨 데 대한 죄과로 그 힘을 약화시키려고 연합국들이 동독과 서독으로 분단시켰잖아요. 그런데 우리는 전쟁을 일으킨 죄도 없는데 왜 분단되어야 했죠?

🧑 **정 신생**　그래. 역사를 공부할 때는 궁금증을 가지고 생각할 줄 알아야 해. 사회현상을 볼 때 벌써 역사적 뿌리를 생각한다는 것은 훌륭한 지성인이 될 자세야.

　우선 우리의 분단 문제를 제대로 보려면 우리의 해방 과정부터 알아야겠지. 우리 힘으로 해방이 이루어지지 않았던 것이 불행의 시작이 되고 말았어. 하지만 우리도 연합국과 함께 대일 전쟁에 참가하여 우리의 독립 의지와 독립국가 수립의 역량을 과시했지. 그리고 1945년 9월에는 국내 진공작전도 미군과 함께 준비했는데 일본이 예상보다 빨리 8월에 항복해서 실행되지는 못했지.

그런데 2차 세계대전이 한창일 때 소련이 일본과의 전쟁에 가담해야 전쟁이 빨리 끝난다고 생각한 미국이 소련을 끌어들였어. 그래서 소련이 대일본 전쟁에 참여한 대가, 즉 전리품을 줘야 하는데 그중에 하나가 우리를 분단시켜 소련 몫으로 인정한 것이란다.

일본이 항복을 선언한 후 연합국들이 일본군을 무장 해제시킨다는 명목으로 진주했다는 건 알고 있지? 그리고 미국이 소련에게 우리 민족을 분단시키는 결정적 계기가 되는 제안, 북위 38도선을 경계로 일본군을 무장 해제시키자는 제안을 한 거야. 여기에 소련이 동의해서 결국 북위 38도선으로 분단되고 말았어. 미국은 태평양을 통째로 장악하기 위해서는 일본을 분단시켜서는 안 된다고 생각했고 그래서 전쟁의 책임이 있는 일본이 아니라 우리가 분단되고 만 것이란다.

🙍 **서설**　참으로 기가 막힌 역사네요. 그 후로는 어떤 일들이 벌어졌죠?

🧑 **정 선생**　모스크바 3국 외상(삼상)회담을 열어 우리 문제를 논의했어. 그때 참가했던 나라가 2차 대전 승전국이자 당시에는 동맹국이었던 미국, 소련, 영국이야. 그들이 우리 민족의 운명을 가름할 중요한 결정을 내리는데 그 내용은 다음과 같았어.

첫째, 독립국가로 재건설하기 위해 임시 조선민주주의 정부를 세울 것.
둘째, 이를 위해 미소공동위원회(줄여서 미소공위라 함)를 열 것.
셋째, 최고 5년 기한으로 미국·영국·소련·중국 4개국에 의한 신

탁통치를 실시하되, 그 방안은 미소공위가 조선 임시정부
와 협의할 것.
넷째, 남북의 현안을 논의하기 위해 2주 내로 미소공위를 열 것.[주1]

자, 서설이한테 한번 물어볼까? 여기서 가장 중요한 내용은 무엇
일까?

🙎 **서설** 그야 신탁통치 문제죠. 강대국들이 우리를 다시 한 번 식민
통치를 하겠다는 것 아니에요?

🙂 **정 선생** 물론 35년간이나 식민 지배를 당해온 우리에게는 가장
자극적으로 다가오는 내용이지. 하지만 모든 조약이나 선언문에서 중
요한 것은 맨 위에서부터 나열하는 것이 관례야. 그러니까 제일 중요
한 것은 "독립국가로 재건설하기 위해 임시 조선민주주의 정부를 세
울 것"이지. 그리고 이러한 일을 추진하기 위해 미소공동위원회를 설
치한다는 것이었어.

문제 조항인 "신탁통치를 실시한다."는 것은 미소공위가 조선 임시
정부와 협의하여 실시할 수도 있고 안 할 수도 있었던 것이란다. 그런
데 모스크바 삼상회의의 내용 중에 가장 중요한 것이 신탁통치인 것
처럼 이것만을 부각시켜 문제를 삼은 언론과 사람들이 있었지.

🙎 **서설** 누구예요? 정말 궁금해요.

🙂 **정 선생** 모 일간지 1945년 12월 27일자에는 이런 제목의 기사가
실렸단다. "소련은 신탁통치 주장/소련의 구실은 38선 분할 점령/미국

은 즉시 독립 주장." 사실 신탁통치를 주장한 것은 미국이었어. 필리핀에서 신탁통치를 해보아서 이것이 효과적이라고 판단한 미국 대통령 루스벨트가 얄타 회담에서 주장했거든. 이것이 모스크바 삼상회의에서 미국의 주장으로 결정 내용에 포함되었던 거야. 이는 명백히 잘못된 보도, 즉 오보인데 이를 알 길 없는 국민들 사이에서 소련과 공산주의에 대해 반대하는 여론이 크게 일어났어. 또 반탁 운동이 거세게 일어났지. 이런 점에서 이 신문의 오보는 당시의 우익이 크게 세력을 모을 수 있는 계기가 되었어.

원래 해방이 되고 나서는 민족주의자 대 반민족주의자 간의 대립이 있었어. 당연하지 않겠니? 일제에 대항한 독립운동가와 일제 앞잡이로 국민을 괴롭힌 친일파로 구분되는 것 말이야. 물론 대다수 국민들은 독립운동가를 존경하고 지지했지.

친일파들은 자신들이 처단될지도 모른다고 생각해서 엄청 긴장하고 있었겠지만 역사는 그렇게 흘러가지 않았어. 그들을 다시 불러들여 정부 요직에 앉힌 세력들이 있었으니 그들이 바로 미군정이란다. 미군정은 일본을 위해 충성을 할 수 있는 사람들은 자신들을 위해서도 충성을 할 것이라고 파악했어. 그래서 친일파들을 다시 정부의 요직에 앉혔던 것이지.

🧑 해밀 정말 어이가 없네요. 더 자세한 내용을 말씀해주세요.
🧑 정 선생 모스크바 삼상회의에 대한 왜곡된 보도가 나오자 '신탁통치 반대'를 놓고 우리 사회가 요동치면서 좌익과 우익으로 나뉘어 순식간에 격렬하게 맞붙게 되었단다. 그렇지 않아도 일제가 남겨놓은

친일 지주와 소작인 간의 갈등 등으로 뒤숭숭하던 나라가 말이야.

원래는 민족 대 반민족의 대립이었던 것이 좌익과 우익의 대립으로 바뀌었지. 1946년 3·1절 행사에 이어 8·15 기념행사도 따로 치를 지경이었으니…….

2. 극심한 민족 분열은 왜?

🧑 서설   이해가 안 가요. 민족 대 반민족의 대립이 왜 좌익과 우익의 대립으로 바뀌었죠?

🧑 정 선생   좌익도 처음에는 신탁통치 문제가 가장 중요한 것인 줄 알고 반탁 운동을 했어. 하지만 모스크바 삼상회의 결정서가 알고 보니 지지할 만하다고 판단했던 거야. 왜냐하면 삼상회의 결정에 담긴 가장 주요한 내용은 우리에게 '임시 조선민주주의 정부'를 세우게 하려는 것이었거든. 이것을 실현하기 위해 미소공동위원회와 신탁통치라는 내용이 들어간 것이니까. 그리고 좌익의 입장에서는 신탁통치를 능력이 부족한 사람을 뒤에서 도와주는 후견제쯤으로 생각했던 거지.

하지만 우익은 달랐어. 신탁통치 문제를 핵심이라고 생각했고, 이것을 식민통치로 생각했던 거야. 그리고 김구는 자신들이 그렇게 힘들게 이끌어온 임시정부를 부정하는 '임시 조선민주주의 정부'라는 말에 발끈할 수도 있었겠지. '35년간이나 식민지였는데 또 식민지라니!' 하는 마음 아니었을까.

더구나 문제는 우익 쪽에 친일파들이 다수 포함되어 있어서 이 신탁통치 문제를 통해 자신들이 처한 어려운 상황을 반전시키는 데 활용했다는 것이지. 즉, 친일파들은 좌익들이 주장한 모스크바 삼상회의 지지를 찬탁으로 몰아세우며 찬탁=매국노, 반탁=애국자라는 등식을 만들어 대중을 선동했어. 모스크바 삼상회의 결정서 내용을 알 수 없었던 대중들에게는 이들의 입장이 설득력을 갖게 되었던 것이고.

좌익도 문제가 있었는데 그들의 혁명 전략에 따라 9월 총파업과 10월 대구사건을 일으키며 협상의 여지를 주지 않는 강경 투쟁으로 나갔어. 그들은 좌우합작운동도 배척하기에 이른 거야.

🙋 **서설** 민족 분열주의자나 친일파들의 교활한 전략에 휘말렸다는 것은 너무 억울해요. 상황을 잘 파악한 지도자는 없었어요?

👨 **정 선생** 당연히 계셨지. 좌익과 우익으로 나뉘어 극단적으로 분열하는 민족을 통합하려고 나섰던 여운형과 김규식 같은 분들이. 이분들을 흔히 중도파라고 불러. 좀 더 세분하여 보면 여운형은 중도파면서도 좌익에 가깝다고 중도 좌파라 하고 김규식은 우익에 가깝다고 중도 우파라 하지.

여기서 잠깐 우리 민족 지도자들에 대해 미군정이 붙인 별명 한번 얘기해줄까?

미군정은 김구를 타협을 모르는 무서운 사람으로 보았는지 Black Tiger(흉악한 호랑이)라 했고, 여운형을 뭔가 소중한 것 같은데 어디에 쓸지를 모르는 사람으로 판단했는지 Silver Ax(은도끼)라고 했다고 그래. 김규식은 자주 병치레하는 것을 보고 Kim Kyu Sickly(병이 잦은 김규식)이라고 했어.주2

👓 **해밀** 미국이 우리 민족 지도자를 어떻게 바라보았는지 쉽게 알 수 있네요. 하지만 그분들이 우리 민족문제를 어떻게 생각하고 있었죠?

👨 **정 선생** 여기서부터는 역사학자인 서중석 교수님이 쓰신 『남북협상 김규식의 길 김구의 길』에서 인용하거나 영감을 받은 내용을 얘기해줄게. 김규식과 여운형 등 중도파 민족주의자들은 한국에 민족국가를 건설하기 위해서는 미소공위가 성공해야 한다고 판단하고, 미소공위의 활동을 적극 지지하고 지원했어.

한편 김구나 이승만은 김규식과는 반대로 미소공위의 활동을 방해하였는데, 겉으로 보기에는 김규식의 주장과 같은 자주 국가를 만들겠다는 것이었어. 그러나 속내를 들여다보면 이승만은 철저한 반공주의자이기도 했지만 단독정부를 수립하는 것이 자신이 권력을 장악하는 데 유리할 것이라는 판단이 작용했음직해.

김구는 호소력이 있었어. 왜냐하면 김구는 중경 임시정부를 추대해야 한다는 주장을 했기 때문이지.

3. 아! 좌우합작운동

해밀 그럼, 그때 우리 민족이 나아가야 할 길을 가장 잘 판단한 사람은 누구일까요?

정 선생 중도파인 여운형과 김규식이지. 김규식은 김구와 이승만에게 미소공위에서 임시정부를 수립하기 전에는 제발 반탁 운동을 벌이지 말 것을 바랐던 거야.

또한 '신탁'이라는 말을 쓰지 않았으면 좋겠다고 한 것은 연합국이 한국의 독립을 방해하려는 것이 아니라는 점을 알리는 데에도 효과적이기 때문이었어. 그럼으로써 김구와 이승만의 신탁통치에 대한 감정을 누그러뜨리고자 하는 의도가 들어 있는 발언이었지.

김규식은 김병로, 안재홍처럼 국내외에서 좌우익이 협동하는 민족협동전선을 중시했어. 그리고 항일 투쟁을 줄기차게 해온 이성적 애국자들은 조속히 임시정부를 수립하길 바랐던 거고. 반탁 투쟁은 임시

정부 수립 이후에 하여 자주 민족에게 걸맞게 신탁통치는 받지 않도록 해야 한다고 판단했어.

참으로 지혜로운 판단이라 할 수 있지. 일제 강점기 때 민족협동전선을 통해 좌우익을 통합했던 애국지사들은 이러한 방법으로 자주 국가를 수립하는 것이 가장 바람직하고 합리적임을 알고 있었던 거야. 그러나 이승만은 반공의식이 강해서 좌익과 협상한다는 이 민족협동전선에 대해 부정적이었어.

한편 미국은 자신들이 주도하여 신탁통치 조항을 넣었으면서도 친미 세력이 반탁 투쟁을 벌이는 딜레마에 빠져버렸지. 그래서 신탁통치를 받지 않을 수도 있으니 미소공위에 협조하라는 시사를 여러 차례 했어. 미국은 좌우합작을 권했어. 그래서 주목한 인물이 여운형과 김규식이었지.

여운형은 3·1운동을 기획한 사람이고, 조선건국동맹과 조선건국준비위원회를 만들어 일제가 패망할 것을 대비하여 건국 준비를 했던 인물이야. 일본의 항복 선언 직전에 마지막 총독인 아베와 만난 사람이 바로 여운형이었어. 국내 독립운동 진영의 대표로서 일본의 항복 이후에 발생할 여러 문제들을 상의하기 위해서였지. 해방된 후로는 좌우 대립을 중재할 수 있었고 통일정부가 수립된다면 좌우익을 포용할 수 있는 정치력을 지닌 사람이 바로 여운형이었어.

김규식은 미국 유학을 다녀와 영어를 잘해서 파리강화회의에 파견된 적도 있고, 독실한 기독교 신자이며 미국식 문화에도 익숙한 사람이었어. 거기다가 독립운동을 할 때 두 사람은 다 좌우합작을 해봤던 경험이 있었어.

🙍 **서설** 신탁통치 문제가 그렇게 중요한 결과를 가져왔네요.

😀 **정 선생** 신탁통치에만 매달려 극한투쟁을 벌인다면 연합국과 한국인 사이에 또 미국과 소련 사이에 심한 갈등이 발생하여 임시정부 수립이 어렵게 되어 있었어.

그럼에도 불구하고 이승만과 한민당 세력은 신탁통치 반대 운동을 줄기차게 전개하였어. 그것은 또 다른 효과가 있었으니 공공연하게 단독정부를 수립하자고 하면 매국노로 비판받았을 텐데 반탁 운동을 통해 자연스럽게 자신을 외세에 반대하는 자주적이고 애국자인 인물로 포장할 수가 있었거든. 특히 한민당에는 친일파들이 다수 포진하고 있었는데 이들은 자신의 과거를 덮고 애국적인 인물로 분장하는 데 이보다 좋은 소재는 없다고 판단했어.

미국은 소련과 타협해서 한국 문제를 해결하고자 할 때에는 김규식을 내세웠고, 분단 정부가 들어설 때에는 비타협의 반공주의자 이승만을 밀었어. 미국은 한반도에서 두 개의 카드를 사용했던 것이지.

|흐름 잡기| 분단과 냉전의 서글픈 만남

남북 분단에 세계사적인 사건이 개입되었는데 그것은 냉전이 시작된 것이다. 2차 세계대전 승전의 두 주축이었던 미국과 소련의 대립이 커져가고 있었는데 1947년 3월 12일에 유명한 '트루먼 독트린'이 나왔다. 그 목적은 공산주의 확장을 막겠다는 것이었다.

이어서 미국 국방장관인 마셜에 의한 '마셜 플랜'이 나왔는데, 그 내용은 유럽의 자유 진영을 원조하며 소련에 대항한다는 것이었다. 이것으로 냉전이 본격화되었다. 이제 미국은 해결이 어려운 국제문제를 소련과 합의를 보는 대신 미국이 우위를 차지한 지역에서 소련의 팽창을 억제하는 데 정책의 초점을 맞추게 되었다.

좌우합작을 권유했던 미국도 이제 시큰둥해졌던 것이다. 김규식과 여운형 입장에서는 항일 투쟁기에 겪었던 강대국의 배신을 다시 한 번 맛본 셈이었다. 김규식은 미 군정청의 딘 소장이 취임할 때 다음과 같은 환영 발언을 했다.

"……동아시아 역사에서 중국의 손문(쑨원)을 제일 위대한 혁명가로 치는데, 그가 혁명가로 위대한 것은 중국의 잘못된 정치를 고치고 혁명을 단행한 것인데 무엇 때문이냐면 양편 귀를 잘 썼기 때문이다. 귀하도 양쪽 귀가 잘생겼는데, 그 양쪽 귀를 잘 활용하여 양쪽의 말을 잘 듣고 어느 한쪽에 기울어지지 말기를 바란다." 좌우익 합작을 지지해달라는 뜻이 담겨 있다.[주3]

하지만 역사는 통일국가를 바라는 민족주의자들의 소망대로 흘러가지 않았다. 미국의 한반도 전략이 국무부의 협상파(비둘기파)가 주도하다가 국방부를 중심으로 한 강경파(매파)에 밀려난 것도 영향을 미쳤다고 볼 수 있다. 원래 국무부는 외교를 주 임무로 하고, 국방부는 전쟁을 대비하는 사람들이 아닌가? 군이란 모름지기 적과 아군을 나누는 데 익숙하게 되어 있다.

결론적으로 말해 우리의 분단은 미국의 한반도 정책과 우리 민족의 좌우익 대립으로 인한 민족 분열, 냉전이라는 국제 정세가 원인이었던 것이다.

2장 민족 통합의 길

1. 분단의 위기에서 민족 지도자들은?

🧑‍🦰 **서설**   우리 조국이 분단될 위기에 처했을 때 민족 지도자들은 막아보려고 어떻게 노력했는지 궁금해요.

👨 **정 선생**   1946년 5월부터 있었던 좌우합작운동에 대해 알아보자. 여기서부터는 앞에서 말한 서중석 교수님의 논문에서 일부 인용하고 영감을 받은 내용을 얘기해줄게. 1946년 5월 8일 미소공동위원회가 결렬되자 미국과 미군정의 지원을 받으며 여운형과 김규식이 좌우합작운동을 전개하였어.

처음에 김규식은 여운형이나 미군정이 합작운동을 해보라는 제안에 소극적이었다고 해. 하지만 독립적인 민족정부를 세우는 데 자신의 희생이 필요하다면 희생을 무릅쓰고라도 해야겠다는 각오를 한 거야. 그리고 좌우합작의 험난한 길로 들어섰지.

미국은 여운형과 김규식의 의도와 달리 친미 세력을 육성하고 공산당을 약화시키려는 의도로 좌우합작운동을 지원했던 거야. 박헌영

의 공산당은 좌우합작을 방해하기 위해 새로운 전술을 채택하여 모험주의적 투쟁을 벌였어.

여운형은 제1차 미소공위가 열리고 있었던 1946년 4월 5일에 한국 정치의 주제는 한국인으로, 머지않아 수립될 새로운 정부도 조선제가 되어야지 외국제가 되어서는 안 된다고 역설하고, "우리의 자율 통일, 즉 좌우합작이 없는 곳에 조선제 정부도 없을 것을 잊지 말자."고 하였어.

이러한 생각을 행동에 옮겨서 여운형은 4월 19일에 서울을 떠나 평양을 방문했는데, 남북지도자 회의를 갖기 위해서였단다. 좌우합작운동은 남한 내에서의 합작만이 아니라 남북 합작까지 나아가기 위한 것이었지. 4월 25일까지 평양에 머물며 김일성 등을 만났으나 별다른 성과를 거두지는 못했어.

김규식도 같은 취지로 "우리가 먼저 좌우익이 손잡고 자율적 정부를 세워야 하고 연합국은 단지 그것에 협조하고 그것을 승인하여야 한다."고 주장하였지. 민족국가의 독립, 정치적·경제적 완전 자립을 절대적인 사명으로 제시하였어. 이러한 사명을 방해하는 주된 현상으로 민족 내부의 참혹한 대결을 들고, 이것은 사대 근성에 원인이 있음을 지적하기도 했단다. 한마디로 극우와 극좌의 외세 의존이 독립과 자립의 최대 방해 요인이라고 주장하였어.

2. 좌우합작운동이 실패한 원인은?

　🙂 해밀　그런데 결국 좌우합작운동은 실패하고 말았잖아요. 그 이유가 무엇인가요?

　🙂 정 선생　그래. 가장 중요한 이유는 좌익과 우익으로 나뉘어 치열하게 다투는 바람에 상대적으로 중도파가 자리 잡을 여지가 적었기 때문이야. 좌익과 우익의 호응이 있든지, 국민들의 지지가 있지 않으면 성공하기가 어려웠어. 그것이 좌우합작운동의 태생적 한계였어.

　거기다가 좌우합작을 권유했던 미국의 속내도 미국 점령 정책에 대한 지지를 얻기 위한 것이었기에 한계가 있었지. 하지만 무엇보다 좌우합작운동의 두 주역 중에 한 사람인 여운형의 암살로 결정타를 맞았단다.

　1947년 7월 19일 여운형이 암살되었을 때 홍명희는 그를 추도하며 한 시에서 다음과 같이 탄식했다는구나. "애닳도다, 좌익 우익 다투다

가 함께 망하는 꼴"이라고 말이야. 해방 이후에 우리가 나아가야 할 길을 가장 잘 파악하고 있었고, 연설도 잘해 대중들에게 인기가 있었던 여운형이 암살됨으로써 결국 좌우합작운동은 결정적으로 꺾이고 말았어.

🙍 서설 그런데 좌우합작이 이상적인 것이라고 해도 중도파들에게도 무슨 문제점이 있어서 좌우합작운동이 힘차게 나가지 못한 것 아닐까요?

🧑 정 선생 맞아. 서설이는 역사에 대한 감각이 뛰어나구나. 역사에서 보면 이상적인 사람들이 대중들에게 크게 인기가 없는 경우가 많지. 역사의 이상적인 발전을 위해서 그들의 단점에 대해서도 생각해 볼까?

중도파라 해도 중도 우파는 미국에, 중도 좌파는 소련에 기울어져 있으면서 그때그때 상황에 따라 흔들리는 면이 많았어. 미군정은 1948년 초까지 이승만과 거리를 두고 김규식을 끌어들이려고 계속 노력하였어. 하지만 김규식은 민족 분단을 막기 위해 그들과 타협하지 않았지.

원래 중도파들에게 흔히 나타나는 현상이기도 하지만 기회주의자들이 많았어. 그리고 중도파 민족주의자나 중간 세력에는 독불장군이 적지 않았지. 또 분파성이 강한 것, 대중적 기반이 약한 것도 그들의 단점이라고 할 수 있어.

🧑 **해밀** 중도파들이라고 해서 모두가 자주적인 생각을 가진 사람들은 아니었네요.

🧑 **정 선생** 그렇지. 자주성이 약한 인물들이 상당수 있었다는 점이 문제였던 거야.

한편 양편으로 나뉘어 격렬하게 대립하던 당시에 중도파인 김규식의 어려움을 예견한 다음 문서를 보다 보면 씁쓸하기 짝이 없단다. 미군정이 작성한 G-2보고에 이런 내용이 있다고 해. "김규식은 반탁 투쟁을 임시정부 수립 후에 하여야 한다고 주장하고 있지만, 그가 반탁 투쟁에 가담하지 않으면 그를 공산주의자, 민족반역자, 친외세로 낙인찍을 것 같다."

이렇게 현명하게 대처한 사람을 어느 한쪽으로 몰아가는 당시의 편 가르기가 참으로 가슴 아플 뿐이야.

3. 남북지도자회의는 어떻게?

🙎 서설 그럼, 김규식의 역할에 대해 역사 속에서 주목할 만한 점은 무엇인가요?

😊 정 선생 모든 중도파가 다 그렇지는 않지만, 김규식은 진보적이었어. 친일파 처단과 토지개혁 등에 열성을 보여 공산당이나 좌익으로 가길 싫어했던 양심 세력을 김규식 곁으로 모이게 했지. 원래 공산주의자와 소련을 신뢰하지 않았지만 민족 통일을 위해 좌우합작을 하고자 했던 거야.

그리고 김규식은 미국이 주장한 남북한 "인구비례에 의한 입법의원을 선출하자."는 주장에 대해 인구가 남한보다 적은 북한이 받아들이기 어렵다고 보았지. 그래서 남과 북이 각각 선거구역을 별도로 정해서 하거나 다른 방법으로 해보자는 주장은 북한과 소련이 유연성이 있었다면 검토해볼 만했어.

그리고 38선은 결자해지結者解之로 만든 자가 제거해야 할 것이라고 말했어. 미군과 소련군의 동시 철병에 대해서도 남·북 질서를 유지할 국방군을 편성한 후 철병하는 것이 점령하였던 자의 책임일 것이라고 말하기도 했단다.

🙎 서설 결국 남한 단독선거로 흘러가잖아요. 이때 김규식은 어떤 입장이었어요?

😊 정 선생 주한미군 고위층으로부터 단독선거에 협조해달라는 요청을 계속 받고 있었는데, 일체 응하지 않았지. 김규식의 입장은 남

한 단독선거에 대해 반대하지 않지만 참가하지도 않겠다(불반대 불참가)는 것이었어. 모순되게 보이지만 정부 수립을 해야 미군정 지배하의 사회 혼란을 막는 데도 도움이 된다고 보았던 거야. 하지만 자신은 차마 단독정부 수립에 협조할 수는 없었다고 할 수 있지.

😎 **해밀** 김구 선생님이 남긴 「삼천만 동포에 읍고함」이라는 유명한 글은 이때 나온 건가요?

🙂 **정 선생** 오 흥, 끝내주는데, 질문의 타이밍이. 유엔 한국위원단이 북한에 들어가는 것을 거부당하고 나서 설날에 발표했어. 당시 김구의 심정을 잘 표현한 명문장으로 알려져 있으니 한번 인용해볼게.

> 통일하면 살고 분열하면 죽는 것은 고금의 철칙이니 자기의 생명을 연장하기 위하여 남·북의 분열을 연장시키는 것은 전 민족을 죽음의 구렁텅이에 넣는 극도로 악하고 극도로 흉측한 위험일 것이다. 일체 내부 투쟁은 정지하자! 작은 일에 참지 못하면 큰일을 도모할 수 없다고 하였으니 우리는 과거를 잊어버리고 용감하게 참아보자. 삼천만 자매형제여! 한국이 있고야 한국 사람이 있고, 한국 사람이 있고야 민주주의도 공산주의도 또 무슨 단체도 있는 것이다. 마음속의 38선이 무너지고야 땅 위의 38선도 철폐될 수 있다.
> 이 육신을 조국이 필요로 한다면 당장에라도 제단에 바치겠다. 나는 통일된 조국을 건설하려다 38선을 베고 쓰러질지언정 일신의 구차한 안일을 취하여 단독정부를 세우는 데는 협력하지 아

니하겠다. 나는 생전에 38 이북에 가고 싶다. 그쪽 동포들도 제집을 찾아가는 것을 보고서 죽고 싶다. 궂은날을 당할 때마다 38선을 싸고도는 원망 어린 귀신의 통곡 소리가 내 귀에 들리는 것도 같았다. 고요한 밤에 홀로 앉으면 남·북에서 헐벗고 굶주리는 동포들의 원망스러운 용모가 내 앞에 나타나는 것도 같았다.

삼천만 동포 자매형제여! 글이 이에 이르매 가슴이 답답하고 눈물이 앞을 가리어 말을 더 잇지 못하겠다. 바라건대 나의 애달픈 고충을 통찰하고 내일의 건전한 조국을 위하여 한 번 더 깊이 고민해주시길 바란다.[1]

🙂 해밀 "마음속의 38선이 무너지고야 땅 위의 38선도 철폐될 수 있다."는 말이 가슴에 와 닿네요. 북한이 제안한 남북연석회의와 김구, 김규식이 제안한 남북지도자회의는 어떤 것이에요?

정 선생　남북연석회의와 남북지도자회의를 분리하여 물어보다니 우리 역사에 대한 이해가 아주 깊구나. 이것을 분리하지 못하는 사람이 많은데…… 남북연석회의는 북한이 제안한 것으로 북에 수립될 정부에 정통성을 부여하기 위해서이기도 했지만, 남한 선거를 파탄시키는 데 더 초점이 모아져 있었단다.

남북연석회의에서는 「조선 정치정세에 대한 결정서」가 채택되었어. 남한의 단독선거를 파탄시키고 조선 인민이 자기 손으로 정부를 수립하자는 내용이었지.

이 결정서에 김구나 김규식은 서명하지 않았고, 비판적인 입장이었지만 그들의 영향력하에 있는 한독당과 민련의 서명은 있었단다. 여기서 김일성의 초대연에 참석한 김규식의 인사말을 통해 연석회의에 대한 생각을 파악할 수 있지. 한번 들어볼래?

나는 항상 조선 문제는 조선 사람 스스로 해결해야 한다고 주장해왔다. 이번 회의에 실망했다. 이 만찬에 참석하는 것이 양심에 거리낀다. 나는 미국의 장단에 맞춰 춤을 추었지만, 지금부터는 조선의 장단에 맞춰 춤을 추겠다.[주2]

어때? 민족 자주적 입장이 더욱 강화된 것 같지? 김구와 김규식은 사실 남북연석회의와 성격이 다른 남북지도자회의에 주력했어. 그 결과는 다음과 같은 「공동성명서」 형식으로 나왔지. 그중 중요한 것만 얘기해볼게.

1항은 외국군의 즉시 철수, 2항은 외국군 철수 후에 내전이 발생할 수 없다는 것이었어. 가장 핵심은 3항인데 전조선 정치회의를 소집한 후에 민주주의 임시정부를 수립하고, 선거를 통해 입법부를 구성하고 헌법을 만들어 통일 민주정부를 수립한다는 것이지. 4항은 남조선 단독선거를 반대하고 단독정부를 인정하지 않는다는 것이야.[주3]

4. 분단이 잉태한 전쟁의 씨앗

🙍 서설   그런데 의문이 생기네요. 외국군 철수 후에 내전이 발생할 것을 그때부터 걱정했었나요?

🙍 정 선생   때로는 이런 질문이 고마울 때가 있어. 설명을 안 하고

갈 뻔했구나. 자, 당시 생각이 있는 사람들이 무엇을 걱정했는지 들어봐. 분단이 필연적으로 전쟁을 불러일으키고 말 것이라는 위기의식은 이승만 등에 의해 단독정부 수립운동이 강화됨에 따라 깊어졌단다.

분단 정부를 세우겠다는 사람들은 그 당시에 통일의 문제에 어쨌든 대답해야만 했지. 그러면서 자기 쪽의 외세가 더 강해서 전쟁을 통해서 통일을 할 수 있다고 주장했거든. 이런 상황이라 전쟁을 걱정하는 지식층이 제법 있었다고 할 수 있지. 김구와 김규식도 이것을 걱정해서 「공동성명서」 2항에 남·북한 양쪽 정부에 전쟁을 일으키지 않겠다고 합의하라고 한 셈이지.

🧑 서설 민족 지도자들의 노력이 이제야 좀 느껴지네요.

🧑 정 선생 그렇지. 이렇게 늙은 애국자들이 노력했으나 결국 남북이 분단되고 말았고, 그들이 걱정한 전쟁까지 일어나버리니까 역사를 공부하는 입장에서는 착잡하기가 이를 데 없어.

🧑 해밀 남북이 분단되는 데 무엇이 제일 문제였나요?

🧑 정 선생 우선 민족을 생각하지 않고 자신의 권력욕을 충족시키기 위해 외세든 친일파든 가리지 않고 끌어들여서라도 정권을 잡으려는 정치가가 제일 문제였지. 두 번째로는 친일파를 청산하지 못한 것도 문제였고 말이야. 그들이 언론을 소유하여 민족과 국론을 분열시키면서 자기들의 권력욕을 추구한 것도 문제였어. 세 번째로는 우리 민족의 의사를 제대로 반영하지 않고, 점령 정책이 일관적이지도 않은 외세도 문제였지.

🧑 서설   이런 역사를 알아야 우리 분단 문제를 해결하는 데도 도움이 되겠어요. 역사의 교훈에서 배우지 못하면 그 잘못을 되풀이하게 되잖아요.

🧑 정 선생   오늘 대화에 보람을 느낀다. 독일 통일 당시의 대통령인 바이체커가 한 말이 늘 내 가슴에 메아리치고 있거든. "좋은 미래는 분명한 기억을 필요로 한다."[주4]

3장 외세와 유엔의 역할

1. 미국과 소련은 어떤 역할을 했을까?

👩 **서설** 해방 이후에 미국이 우리 한반도에 들어와 어떤 역할을 했는지 궁금해요.

👨 **정 선생** 그래. 우리에게 가장 강력한 영향을 미친 미국이 2차 대전 후를 대비하여 어떤 구상을 하였고 어떤 정책을 폈는지 알아야겠지. 여기서부터는 신복룡 교수가 쓴 『한국분단사연구』를 인용하여 얘기해줄게.

2차 세계대전이 끝나가자 미국은 소련의 한반도 지배에 대비해 경계를 점차 강화했어. 국무부는 1945년 4월 한국인으로 구성된 독립 전투부대를 편성하여 태평양전쟁에 참여시키고자 했지. 국무부가 이 안을 제출한 동기는 이러한 한국인 부대의 전투 참여에는 당면한 대일전에서 선전 가치가 매우 크다는 것이었어.

또 하나의 이유는 소련의 영향력 아래 있는 시베리아의 한인 사단이 전후 한반도에서 정치적 주도권을 행사할지 모른다는 우려 때문이었지. 미국 역시 2차 대전 후에 소련과 연결된 공산주의자들이 주도권을 행사할 것을 우려했던 셈이야.

미국 극동사령관인 맥아더는 "일본 국왕은 신이 아닌 인간"이란 단서를 달아 국왕제를 유지시켰어. 그리고 이를 바탕으로 평화헌법을 만들었지. 미국은 왜 천만 명이 넘는 목숨을 앗아 간 전쟁의 수뇌인 일본 국왕을 제거하지 않고 군주제를 유지시켰을까. 맥아더는 전후 세계가 미·소에 의해 양분될 것이며, 동아시아에서도 소련이 세력을 확대하리라 예측했던 거야.

따라서 미국은 일본에게 소련을 막는 방파제 역할을 맡기고, 일본 국민의 정서를 다독일 필요가 있었어. 메이지 시대에 만들어진 헌법이 일본 국민과 아시아인에게 말할 수 없는 고통을 안겨주었는데도 말이야. 이런 평화를 바탕으로 미국은 재벌 해체와 농지개혁 등 민주개혁을 이끌었어. 한국에서는 그렇지 않았지만 말이야.

🙍 **서실** 그럼 소련은 어떤 구상을 하고 있었나요?

🧑 **정 선생** 소련도 물론 2차 대전 후를 대비하고 있었지. 소련은 한반도가 그들의 안보에 매우 중요하다고 생각했어. 2차 세계대전 이후 "소련에 대한 공격기지로 전환되지 않도록 미래의 한반도에서 수립될 정부는 소련과 우호관계를 맺어야 한다."는 입장이었어. 그래서 전후 한반도 정책을 구상하면서 미국과 영국의 전후 영향력 확대를 경계하였지.

2. 신탁통치의 모델 국가는 어디일까?

🧑 해밀   그런데요. 미국과 소련이 한반도 문제에 대해 회담하고 내놓은 것이 모스크바 삼상회의 결정서잖아요. 거기에 신탁통치 문제가 나오는데 왜 미국은 이것을 주장한 것이죠?

🧑 정 선생   앞에서 배운 내용을 잘 소화하고 있구나. 미국은 전후 태평양 지역에서 미국의 패권과 주도권을 생각하면서 한반도를 포함한 동아시아 지역 문제 해결의 일반적 방침으로 신탁통치 안을 마련하였지. 신탁통치란 한 민족이 완전한 독립국가를 건설할 능력이 부족하므로 다른 나라들이 공동 관리한다는 계획을 가리키지. 신탁통치 안은 미국의 안보와 미국 자본의 자유롭고 안전한 활동을 위한 장치라고 해도 무방해.

미국은 필리핀에서 신탁통치를 해본 경험이 있어. 필리핀이 독립할 때 미국은 통상법을 체결하여 미국 의존의 경제구조를 확립했지. 필리핀의 신탁통치는 이러한 배경을 지닌 것이었단다.

🧑 해밀   그 후로 우리에게는 어떤 일이 벌어지나요?

🧑 정 선생   원래 한반도는 산업면에서 보면, 북한은 지하자원과 수력 발전에 의해 중공업이 발달된 데 비해 남한은 농업과 경공업이 발달된 편이었어. 따라서 남북이 서로를 보완해야 비로소 대외적으로 자립할 수 있었지.

그러나 38도선으로 분할이 되고 나서 미·소 의존이 깊어지고, 남북의 대립이 격화되면서 분단은 고착화되었어. 바야흐로 한반도에서 시작된 냉전은 아시아를 넘어 미·소가 전략적으로 중시한 유럽의 정치 상황과 맞물려 세계적 현상으로 굳어져갔어.

3. 미국의 한반도 정책은 어떻게 변했을까?

🙍 서설   미국의 외교 정책은 어떻게 변화하나요?

🧑 정 선생   1947년 봄부터 미국의 외교 정책이 바뀌었어. 소련이 동유럽을 노골적으로 공산화하면서 팽창 정책을 펴자 미국도 소련과의 협조 정책을 버리게 되었지. 미국은 서유럽에 대한 동맹 체제를 발전시키는 한편, 1947년 3월 '트루먼 독트린'을 선언했어.

이에 대응하여 소련이 공산권의 결속을 강화하면서 세계는 냉전 체제로 돌입했던 것이지. 이것은 우리나라에서는 좌우합작운동과 미소공위가 실패로 돌아가게 된 결정적인 요인이 되고 말았어.

🧑 해밀   그래서 한국 문제가 유엔에 넘어가게 되었나요?

🧑 정 선생   그렇지. 미국은 1947년 9월 17일 한국 문제를 유엔에 넘겼어. 이것은 모스크바 삼상회의에서 합의한 것을 공식적으로 포기한 것이었지. 미국은 유엔에서 다수 회원국의 지지를 얻고 있었으므로 소련은 미국 지배하에 있는 유엔으로 한국 문제를 넘기는 것을 반대하고 나섰어. 미국은 국제연합 한국임시위원단 감시하에 남북한 총선거 실시를 주장하였고, 소련 측은 먼저 한국에서의 외국군 동시 철수를 주장하며 대립하였어. 결국 표결을 했는데, 예상대로 미국 측 안

이 찬성 43표 반대 0표로 통과되었지.

　국제연합 한국임시위원단은 9개국으로 구성되었으나, 실제 활동은 8개국이 하게 되지. 한국임시위원단 의장인 메논이 3월 중순에 5·10 선거는 중앙정부를 수립하고자 함이 아니라 협의 대상으로 하기 위한 것이라고 김구에게 말했다고 해.[주1] 그러나 실제로는 중앙정부가 수립된 것을 보면 미국이나 유엔에서 한국에 세워질 정부의 성격을 명확히 하지 못했음을 알 수 있어.

　이러한 결정에 반발하여 소련은 한국임시위원단이 북한에 들어오는 것을 막음으로써 남북한 총선거를 할 수 없게 되었지. 결국 유엔 소총회에서 미국이 제안한 남한만의 총선거 안이 통과되었거든.

🙎 서설　유엔이 남한만의 단독선거를 결정한 것이 유엔의 설립 목적에 맞을까요?

🙂 정 선생　좋은 문제의식이야. 유엔의 설립 목적이나 성격으로 보아 우리 문제를 권고할 수는 있으나 꼭 따라야 한다고 결정할 수는 없지. 그리고 우리 문제를 논의하면서 우리 대표단이 총회에 참석하여 발언할 기회를 주지 않은 상태에서 결정한 것은 큰 문제란다.

　남한만의 단독선거는 결국 남북 분단을 가져오리라는 것을 충분히 알았을 텐데 말이야. 2차 세계대전의 책임도 없는 나라를 이렇게 분단시키는 것은 유엔 역사에 먹칠을 한 셈이지.

🙎 서설　유엔 소총회의 결의에 대해 반발한 나라는 없었나요?

🙂 정 선생　캐나다 유엔 대표 피어슨은 미국의 입장이 과연 현명하

고 합법성을 띤 것인가에 의문을 표명하고 총회의 결의는 분명히 한국 전역에서 선거를 실시할 것을 명시했다고 주장했어. 즉 남한만의 단독선거를 택하는 것은 소총회의 권한이 아니라고 주장했지.

오스트레일리아 대표 잭슨도 "남한 선거가 불법적이라고 강조하면서 남한에 수립될 정부는 북한과 대립하게 될 위험성이 짙다."고 지적했어.[주2] 그래도 결국 남한만의 단독선거 안이 통과되고 말았지.

🧑‍🦰 **서설** 미국은 한국인의 요구나 우리나라 정세를 파악하고 있기나 했던 건가요?

😐 **정 선생** 나름대로 파악은 하고 있었어. 하지만 중요한 것은 자신들의 세계전략 속에서 정책을 수립했을 뿐 한국인 전체가 원하는 바를 반영하지는 않았지. 예를 들면, 트루먼 대통령의 특사로 한국에 왔다 간 웨드마이어 장군은 1947년 9월 19일 트루먼에게 보낸 장문의

보고서에서 이렇게 지적했다고 해.

미국 정책 수행에서 가장 큰 장애 요인은 극우 세력으로서, 그들은 산하에 테러리스트적 수법을 행사하는 청년 조직을 두어 중도 세력과 비공산주의적 좌익계의 활동을 가로막게 한다고 말이야. 그러면서 한국을 사회주의 대 전체주의가 대결하는 전투장으로 보았어. 남한에서 공산주의를 누르기 위해서라는 명분으로 한민당-이승만 세력을 계속 육성하였지.[주3]

🧑 해밀 미국과 소련의 대립으로 우리에게 분단이 강요되었지만, 유엔도 제 역할을 못했다고 해야겠네요.

🧑 정 선생 그렇지. 유엔 헌장 제1조의 설립 목적을 보면 "평화에 대한 위협을 예방하고 없애버리는 것과 침략의 행위나 다른 평화에 위반되는 것들을 막기 위해……"라고 되어 있어. 쉽게 말하면 우리를 분단시킬 가능성이 있는 남한만의 단독선거를 결의해서는 안 되는 것이었지. 왜냐하면 단독선거를 통한 단독정부 수립은 전쟁 위험을 높이는 것이고 평화에 위협이 되므로 유엔이 취할 바는 아니었으니까. 물론 소련이 한국임시위원단의 북한 방문을 막아서 어쩔 수 없다고 말할 수는 있어. 하지만 우리 민족의 통합 노력을 더 지지하고 이끌고 지켜봤어야 하지 않았을까, 지금 생각해봐도 너무나도 아쉽구나.

4장 민간 통일운동

1. 김낙중의 통일운동

🙂**해밀** 김낙중이라는 대학생이 통일운동을 했던 얘기를 얼핏 들은 기억이 나는데요. 어떤 내용이죠?

🙂**정 선생** 서울대 사회학과 3학년이던 김낙중 씨가 1954년에 전쟁으로 수백만 명이 죽었는데도 신문이나 라디오를 보거나 들어도 전쟁을 반내하는 사람이 없었다는 거야. 그래서 세상이 미친 것일까, 아니면 내가 못 올 세상을 온 것인가를 고민하다가 부산 광복동 거리에서 '탐루(探淚, 눈물을 찾는다)'라고 쓴 등불을 들고 혼자 시위를 벌였단다.

그 때문에 경찰서에 끌려갔는데 경찰서장이 "평화통일을 주장하는데 어떻게 하자는 것인지 방법이 없지 않느냐."고 하기에 1년 동안 공부하고 연구해서 '통일독립청년고려공동체 수립안'을 만들었어. "고려민족의 평화통일을 촉진 보장하기 위하여 초국가적 기관으로 고려민족연방회의를 조직 운영한다."가 주요 내용이었어.

그걸 이승만 대통령에게 제출했다가 연행돼 '빨갱이'로 몰렸단다. 그리고 "북이 남침하려고 혈안인 상태인데 평화통일을 외치는 게 말이 되느냐."고 하면서 청량리 정신병원에 보내버렸대. 거기서 나와서는 정말 북이 평화통일을 할 의향이 없는지 알아보기 위해 임진강을 건너 북한으로 간 것이고.[주1] 원래 고향이 파주라 어렸을 때 임진강을 헤엄쳐 다니고 그랬다는구나.

🙎 **서설** 그래서요? 북한에서는 뭐라고 했어요?

🙂 **정 선생** 대학교 3학년이 만든 통일 방안이라 하기엔 너무 체계적이고 방대하다고 의심을 받았대. 그리고 지뢰가 매설되고 초소에서 빤히 내려다보이는 임진강 쪽으로 혼자 왔다는 점이 미심쩍어 간첩으로 의심받기도 했대. 하여간 6개월간 조사받고 내려왔단다.

🙎 **서설** 그 뒤로는 어찌 되었나요?

🙂 **정 선생** 1990년대에 민중당이라는 진보정당을 만들었는데 북한 공작원을 만나서 정치자금을 받아 국가보안법으로 옥고를 겪기도 했대. 김낙중 씨는 남과 북이 다 같은 민족이니까 받을 수 있다고 생각했다는 거야.

그리고 국가보안법에 의하면 북한 사람을 만나면 신고해야 하는 것도 알고 있었어. 하지만 자신의 통일 방안에 관심을 갖고 통일의 길을 모색해보자고 왔는데 차마 신고하지 못했다고 하더라. 신고하면 그 공작원은 무기징역이나 사형에 처해질 텐데 차마 할 수 없었다고. 이런 행동을 '빨갱이'라고 증오할 사람도 있겠지만, '돈키호테'적인 통일운동가라고 평가할 사람도 있을 거야.

2. 4·19 이후의 통일운동

해밀　4·19 이후에 학생들이 중심이 되어 '가자 북으로 오라 남으로'라는 구호로 통일을 위한 운동을 벌였다고 들었는데요. 내용이 궁금해요.

정 선생　4·19혁명은 학생이 중심이 되어 혁명에 성공한 것인 줄 알지? 그러다 보니 학생들이 제 목소리를 내기 시작한 거지. 서울대학교 '민족통일연맹(민통련)'이 5월 3일에 공개적으로 남북학생회담을 제의했어. 그러자 정치권에서는 "시기상조"라든가 "경솔한 짓"이라는

비난이 쏟아졌어.

하지만 서울운동장에서 1만 명이 참가한 가운데 대회를 개최하고 마이크 차를 선두로 "가자 북으로, 오라 남으로" 또는 "이 땅이 뉘 땅인데 오도 가도 못 하느냐", "배고파 못 살겠다, 통일만이 살 길이다"라는 구호를 외치면서 중앙청 앞까지 시위행진을 했어.[주2]

그 당시 자주 등장했던 구호는 "반공보다 빵을 달라", "반공보다 직장을 달라", "실업자의 일터는 통일에 있다" 등이었다고 해.[주3] 그만큼 민생이 파탄 난 현실에서 그 돌파구로서 통일을 염원했다고 할 수 있겠지.

🧑 서설 그런데 학생들의 통일운동 외에 다른 통일운동도 있었다고 들었는데요. 중립화 통일론이라든지, 남북협상론이요.

🧑 정 선생 대단하다. 그런 내용을 알고 있다니. 중립화 통일론은 지식인층이 중심이 되어 이론적인 면이 많았지만 남북협상론은 실천적인 활동가들이 주도해서 실천 활동 면에서 더 강세를 보였다고 해. 남북학생회담 제안이 계기가 되어 나왔어.

중립화 통일론은 한반도 주변 열강이 한반도의 영세중립화 협정을 맺어 한국이 강대국의 군사적 대치 국면에서 벗어날 수 있다면 통일이 가능하다는 주장이었어. 이에 비해 남북협상론은 외세의 간섭 없이 남북이 직접 협상을 통해 모든 것을 결정하자는 주장이었어. 남북협상론자들은 민족혁명이 곧 통일이고, 통일이 곧 민족혁명이라고 생각했단다.[주4]

3. 문익환 목사의 통일운동

🧑 **해밀** 정부의 허락을 받지 않고 북한을 방문하여 통일에 대해 합의를 이끈 사람도 있었다면서요.

🧑 **정 선생** 문익환 목사인데, 1989년 당국의 승인을 받지 않고 방북한 대가로 귀국 직후 구속돼 7년형을 선고받았으나 건강 악화로 1년 6개월 만에 가석방되었어. 당시 정부와 보수층은 사법적 단죄에 더해 '환상적 통일주의자', '돈키호테'라는 낙인을 찍었어. 하지만 문익환과 북한의 허담은 「4·2 남북공동성명서」에 합의하였어. 여기에서 "7·4 남북공동성명에서 확인된 자주, 평화통일, 민족대단결의 3대 원칙에 기초하여 통일 문제를 해결하여야 한다."고 천명하였지. 수요 내용은 "합동군사연습은 남북 대화와 평화 및 통일의 성취와는 양립될 수 없다는 것을 확인한다." 등이란다. 문익환 목사는 그 후에도 민주화 운동과 통일 운동에 전념하였어.

4. 임수경의 청년학생축전 참가

🧑 **해밀** 1989년엔가? 임수경이라는 대학생이 북한을 방문하여 크게 화제가 되기도 했다면서요.

🧑 **정 선생** 맞아. 1989년, 이때가 민간 통일운동 또는 '불법 방북'이라고 표현되는 사건들이 불꽃처럼 일어난 시기가 아닌가 싶어. 문익환 목사, 서경원 의원, 임수경 학생 방북 사건이 다 이때 일어났으니. 4·19

이후에 통일운동이 일어났는데 6월 항쟁 이후에도 이렇게 통일운동이 일어난 것을 보면 우리 국민은 민주화 이후의 과제로 통일을 생각하고 있었음이 분명해. 그리고 민주화만으로 역사가 발전하지 않는다고 생각하는 사람들이 있었다는 걸 보여주는 거지.

임수경 학생은 당시 강력한 대학생 조직이었던 '전국대학생대표자협의회(전대협)'가 파견한 대표로 북한에서 열린 '청년학생축전'에 참가했지. 정부가 허가하지 않은 방북이어서 국가보안법으로 처벌되었지만 나중에 가석방되었어. 복권되어 지금은 국회의원이 되었고.

🙍 서설   임수경 방북이 남북한 사회에 많은 영향을 미쳤다면서요.
🧑 정 선생   그래. 남한에서는 임수경 방북에 부정적인 여론이 일었지. 하지만 정부의 불허를 뚫고 북한을 방문한 것이나 판문점을 통한 귀환은 금기가 깨지는 느낌을 주었어.

북한에도 많은 영향을 주었다고 해. 자유분방한 행동이나 말투, 청바지를 입고 참가하는 모습들은 북한 사람들에게 문화적 충격을 주었던 거야. 특히 동급생끼리도 남학생은 반말을 쓰고 여학생은 존댓말을 쓰는 가부장적인 북한 대학생들의 언어생활에도 변화가 일었다는구나. 그리고 북한 당국이 '통일의 꽃'이라고 했기 때문에 주민들도 마음 놓고 임수경을 따라 하는 게 유행이 될 정도였다고 해.[주5]

🧑‍🦱 해밀   북한 대학생들에게도 많은 영향을 주었다고 하던데요.
🧑 정 선생   저 가녀린 여학생이 온갖 방해를 무릅쓰고 통일을 위해 북한을 오는데 '우리는 무엇하고 있는가'라는 생각을 북한 대학생들

이 했다고 하더구나. 그리고 2년 후에 남북회담을 하러 온 북한 대표들을 따라온 기자들이 임수경 집으로 기습적으로 몰려갔는데 잘살더라는 거야. 이것이 방송을 타면서 북한에서도 남한 사회에 대해 자신들이 모르는 게 많다는 것을 알게 되었다고도 하고.

또 민주화 운동 등에 헌신했던 '천주교 정의구현 사제단회의'에서는 천주교 신자인 어린 학생이 남북한 정권에 의해 정치적 목적에 악용될 수 있다고 판단했어. 그래서 임수경 학생을 무사히 귀환시킬 수 있도록 사제를 파견키로 해서 천주교의 문규현 신부가 판문점을 통해 데려왔지.

북한 사회에서는 제국주의와 동일한 개념으로 인식되던 기독교 사람들이 처벌을 무릅쓰고 통일운동에 참가하는 행동에 감농받아 송교에 대한 관점 자체가 바뀌었다[주6]고 해.

5. 정주영의 소떼 방북

서설 현대그룹 정주영 회장이 소떼를 몰고 북한을 방문했다고 들었는데요. 무슨 일이죠?

정 선생 1998년 일인데 정주영 회장이 84세 되던 해였어. 당시에 보도된 신문기사를 통해 그 사건을 알려줄게.

"열여덟 살이던 1933년 이후 처음으로 다시 이 길을 가게 되는 것입니다. ……아버님이 소를 판 돈 70만 원을 가지고 집을 나섰

습니다. ……이제 그 한 마리의 소가 천 마리 소가 되어 그 빚을
갚으러 꿈에 그리던 고향산천을 찾아가는 것입니다. 저의 이번
방문이 ……남북 간의 화해와 평화를 이루는 환경의 초석이 되
기를 진심으로 기원합니다."[주7]

프랑스 문명비평가 기 소르망Guy Sorman은 이를 "20세기의 마지막
전위예술"이라고 격찬했단다.[주8] 그런데 정주영 회장이 소떼 방북을 한
것은 그냥 빚 갚는 것 이상의 의미가 있어. 우리가 대륙으로 진출하
기 위해서는 북한을 개발하지 않고는 안 된다는 안목을 바탕으로 사
업가로서 대담한 투자 역량이 있었기 때문에 가능했지.

2차 소떼 방북 때는 평양 도착 후 김정일이 출장 중이어서 면담이
어렵다는 통보를 받자 밥도 먹지 않고 드러누웠단다. '단식투쟁'이었

던 거지. 결국 북한 측은 며칠 더 머물라면서 면담을 성사시켰대.[주9] 이렇게 해서 따낸 것이 원산까지를 포함하는 금강산 관광 개발 사업권이었고, 후에 개성공단 사업도 할 수 있었대. 그런 점에서 정주영 현대그룹 명예회장의 한반도에 대한 지정학적인 안목과 추진력이 민간 통일운동에 커다란 족적을 남겼다고 할 수 있어.

6. 북한 민주화 운동

해밀　북한 주민의 인권에 관심을 갖고 북한 민주화 운동을 하고 있는 사람들이 많다고 하던데요. 어떤 일을 하고 있죠?

정 선생　대표적인 활동만 몇 가지 말해줄게. 북한민주화네트워크가 주도하여 공동 개최한 2006년 서울 북한인권대회를 통해 북한 인권 문제에 관심을 형성하는 계기를 만들었다고 해. 또 2008년의 국민 캠페인을 통해서도 탈북 어싱과 탈북 고아 문제 등 인권 상황의 심각성을 알렸다고 해.

탈북자들의 증언을 바탕으로 그들은 북한에 정치범 수용소가 있고, 공개 처형이 이루어지고 있다거나 노동교화형 등으로 인권이 유린되고 있다고 주장하고 있어. '북한인권시민연합' 같은 단체는 북한 인권의 점진적 개선을 내세우고 2009년 이후 9번이나 전 세계를 돌며 국제 세미나를 개최하고 있단다.

또 탈북자들이 중심이 되어 자유북한방송, 북한개혁방송 등을 만들어 북한 주민에게 북한의 민주화를 위해 외부 정보를 전해주고 있지.

해밀 그렇다면 우리 같은 민주국가가 나서서 인권에 대한 문제를 제기해야 하나요?

정 선생 그래. 유엔에서도 이러한 북한 인권 유린 문제를 다루고 2003년부터 2009년까지 북한인권결의안이 통과되기도 했지.[주10] 하지만 우리 사회에서는 그 인권 중에서 어떤 것을 더 소중하게 보느냐에 따라서 의견과 입장이 다르단다. 인권에도 여러 가지가 포함되어 있잖아. 국가 권력에 의하여 자유를 제한받지 아니할 권리인 자유권과 국민이 국정에 참여할 권리인 참정권, 인간다운 생활을 보장받는 생존권 등등.

개인의 자유권을 중요시하는 사람들은 북한 주민들의 자유를 존중해야 한다면서 신체적·사상적·정치적 자유를 보장하지 않는 북한 정

권을 강하게 비판하고 있어. 하지만 생존권을 중요시하는 입장에서는 식량 지원이 먼저이지 굶주리는 것은 모른 체하면서 무슨 인권에 대해 얘기하느냐는 입장이란다.

그래서 북한 주민의 인권 개선과 민주화 운동에 대해 적극적인 사람과 이에 냉담한 사람들로 나뉘어 있어.

인용한 책과 매체, 증언

1장 아픈 분단의 역사
주1 서중석, 『사진과 그림으로 보는 한국 현대사』, (주)웅진씽크빅, 2007, 40~41쪽.
주2 역사학자 18인, 『역사의 길목에서 선 31인의 선택』, 푸른 역사, 1999, 325쪽.
주3 서중석, 『남북협상 김규식의 길 김구의 길』, 도서출판 한울, 2000, 31쪽.

2장 민족 통합의 길
주1 백범사상연구소 편, 『백범어록』, 사상사, 1973, 172~181쪽. 서중석, 앞의 책 134쪽에
     서 재인용.
주2 〈레베데프 비망록〉 22, 『매일신문』 1995년 2월 23일자. 서중석, 앞의 책 212쪽에서 재
     인용.
주3 서중석, 『사진과 그림으로 보는 한국 현대사』, 62쪽.
주4 리하르트 폰 바이체커, 『우리는 이렇게 통일했다』, 창비, 2012, 193쪽.

3장 외세와 유엔의 역할
주1 『독립신보』 1947년 3월 24일자. 『남북협상 김규식의 길 김구의 길』, 182쪽에서 재
     인용.
주2 서중석, 앞의 책, 143쪽.
주3 서중석, 앞의 책, 87쪽.

4장 민간 통일운동
주1 〈적대적 군비증강, 군사훈련 중단 없는 남북교류는 헛것〉, 『민족 21』 2006. 10. 1.
주2 김지형, 「4월 항쟁 직후 민족자주통일협의회의 노선과 활동」, 『4·19와 남북관계』, 민연,
     2000, 124~125쪽.
주3 김지형, 앞의 논문, 123~129쪽.
주4 홍석률, 〈평화통일론에서 남북학생회담 제안까지〉, 『민족 21』 2005. 6. 1.
주5 이우영, 「임수경 사건과 남북관계」, 『민주화·탈냉전시대, 평화와 통일의 사건사』, 고려
     대 민족문화연구원, 2012, 88쪽.
주6 이우영, 앞의 책, 89쪽.
주7 〈정주영 씨 일문일답-인사말〉, 『조선일보』 1996년 6월 17일자.
주8 정태헌, 「우보천리로 만든 오작교」, 『민주화·탈냉전시대, 평화와 통일의 사건사』, 153
     쪽.
주9 〈김정일, 30일 밤 갑자기 숙소방문〉, 『조선일보』 1996년 11월 2일자.
주10 한기홍, 「북한민주화운동의 현황과 효과적 추진전략」, 자유기업원, 2009, 19쪽.

3부
남북관계, 그 길고 질긴 대결

1장 대결과 공존의 남북관계

1. 남북관계 쉽게 이해하기

해밀 선생님, 남북관계는 제가 봐도 굉장히 복잡한 것 같아요. 왜 이렇게 복잡하게 된 거죠?

정 선생 그래. 누가 봐도 그렇단다. 전문가들도 여러 차원에서 보지 않으면 잘못된 진단을 할 수밖에 없어. 남북관계는 적어도 세 차원에서 봐야 해. 남북관계, 북미관계, 남북한 내부 관계로 말이야.

우선 남북관계는 한마디로 정리하면 대결과 공존 관계라고 말할 수 있지. 분단 이후 서로가 자기의 체제가 우수하다고 과시하면서 갈등과 대립으로 점철된 것이 가장 주요한 흐름이었어. 그러면서도 서로 적대적으로 공생하거나 평화적으로 공존할 때도 있었어.

해밀 적대적으로 공생한다는 말이 조금 어려운데요. 무슨 뜻이에요?

정 선생 남북이 서로를 적대시하면서 그런 상황을 정치적으로 이용하였다는 것이지. 쉽게 말해 적이 우리를 노린다는 위기감을 이용해서 국민의 기본권을 무시하는 독재 정치로 흐르기도 했다는 말이란다. 남한에서는 민주화를 요구하는 시위가 일어나면 민주화를 위해 헌신하던 사람들을 간첩단으로 조작하여 발표하면서 민주화를 가로막았던 시절도 있었어. 북한과 내통하여 남한을 전복하려 한다고 말이야. 북한도 남북 대치 상황을 이용해 북한 주민들의 자유와 인권을 억압하고 있어.

서설 분단되고 나서 바로 적대감이 생겨났겠죠?

정 선생 남북한은 분단 정부를 세운 것이 명분이 약하니까 어찌되었든 통일 문제에 대해 대답을 내놓아야 할 상황이었지. 그래서 나온 것이 이승만 정권의 북진통일론이었고, 북한은 민주기지론이었어. 북진통일론이란 북한을 무력으로 진격하여 통일하겠다는 것이었어. 북한의 민주기지론이란 먼저 북한지역을 공산화 혁명의 기지로 강화하여 남한지역을 공산화하겠다는 것이고. 다시 말해서 상대를 점령하여 서로가 자기의 체제를 옮겨 심겠다는 무력 흡수 통일을 꿈꾸었던 거야.

서설 그러다가 한국전쟁이 난 거군요.

정 선생 그렇지. 무력 흡수 통일은 그렇게 위험한 것이야. 이렇게 발생한 한국전쟁은 유엔의 깃발 아래 전투병을 보낸 나라만 16개국이고, 북쪽에서는 소련의 지원과 중국군(당시는 중공군으로 불림)이 참전한 국제전으로 번졌지. 수많은 생명과 재산을 전쟁의 제단에 바치고야 또 휴전선이 그어졌어. 게다가 한국전쟁을 겪었다는 것이 우리 민족이 화해하고 앞으로 나아가는 데 엄청난 장애가 되고 있잖니.

🙎 **서설**   그러고도 많은 일이 있었죠. 한국사 수업시간에 청와대 습격이나 판문점 사건을 들은 기억이 나는데요.

🙂 **정 선생**   자세히 배웠구나. 수많은 사건이 있었다만 그중에서 중요하다고 생각되는 사건을 두 가지만 간추려 말해볼게. 1968년에는 '1·21사태'라고 부르는 사건이 일어났는데, 북한군 특수부대가 청와대 뒷산까지 쳐들어왔던 거야. 이 사건은 대통령의 목숨을 노리기도 했지만, 베트남에 파병하고 있는 남한이 더 많은 병력을 보내지 못하게 하려는 의도도 있었다고 해. 베트남 전쟁에서 북베트남의 이른바 '사회주의 혁명'이 성공하도록 간접적으로 도우려는 의도도 작용했다고 할 수 있지.

1976년에는 '판문점 미루나무 사건'이나 '판문점 도끼만행 사건'으로도 불리는 사건이 났단다. 전방 관측에 장해가 된다고 미루나무를 절단하려 하다가 이것에 대해 유엔군과 북한군 사이에 시비가 벌어졌어. 미군 장교 두 명이 도끼로 살해당한 끔찍한 사건이었지. 이 사건으로 미국의 항공모함 등이 들어오고 전쟁 위기가 높아졌지만 김일성이 유감을 표명하면서 사태가 진정되었어. 만일 미국이 이를 받아들이지 않았다면 한반도에서 또다시 대규모 전쟁이 일어나지 않으리라는 보장이 없었지.

'판문점 미루나무 사건' 때 하마터면 전쟁으로 번질 뻔한 상황은 남한 특수부대원들에 의해서 일어나기도 했어.

박희도 1공수여단장의 명령에 따라 공수부대원들은 원래 작전계획에 없었던 M16소총을 샌드백에 숨겨 트럭에 실었으며, 방탄복 안에 수류탄과 권총으로 무장했다. 또한 박희도는 '돌아오지 않는 다리'에서 북한군의 공격 조짐이 있을 경우 선제공격하라고 지시했다. 그런데 이것은 스틸웰 유엔군 사령관의 명령은 물론, 화력 사용을 엄격히 금지하라고 당부했던 박정희 대통령의 지시와도 어긋나는 것이었다.

작전 수행 중 공수부대원들은 애초 작전계획에 없었던 공동경비구역 내의 북한군 초소들을 부수었다. 이러한 상황을 목격한 미군은 다급한 목소리로 상황실로 보고하며 "한국군이 미쳤다. 모두 부순다. 미쳤다. 미쳤다. ……한국군 특수부대 미쳤다. 한국군이 수류탄을 가지고 있다."라고 외쳤다.[주1]

이러한 회고를 통해서도 전쟁은 지시와 통제를 벗어난 하급 부대의 과잉 행동으로도 일어날 수 있다는 것을 알 수 있어.

2. 그래도 대화가 답이다

해밀   그런데 남북 간에 이런 적대적인 대립이 계속 나타난 원인이 무엇일까요?

정 선생   어떤 일이든 그 본질을 파악하려면 태생적인 한계가 무엇인지 아는 것이 가장 중요하다고 생각해. 남북한에는 태생적으로 서로 다른 이념을 바탕으로 한 체제와 자신들의 정통성을 주장하면서 생겨난 정부가 들어서 있어. 그러다 보니 서로 자신의 체제가 우월하고 자신이 올바른 정부라고 주장하고 있지. 대립적일 수밖에 없는 태생적인 한계가 있는 거야.

해밀   그렇더라도 서로 대화하고 화해하려는 노력도 하지 않았나요?

정 선생   나름대로는 있었지. 그러한 예로서 7·4 남북공동성명을 준비하면서 남북 간에 대화할 때 있었던 일을 소개할게.

1972년 5월 2일과 3일 평양에서 남북 간에 비밀 회담이 열렸어. 북한은 남한이 미국, 일본과 결탁하여 전쟁을 하려 한다고 인식하고 있었고, 남한은 북한이 남침, 적화 통일을 시도하려고 하는 것으로 보고 있었어. 대화 과정에서 남북 양측은 서로 침략 의사가 없음을 확인하고 침략하지 않는다는 기본적인 양해에 도달하였다고 해.[주2] 이러한 대화 노력도 미국이 권유했다지만 최고 통치자가 어느 정도 대화의 자세를 갖추지 않으면 이루어질 수 없단다.

어차피 남북 대화는 대통령의 결단이 최종적으로 중요하다고 할 수 있어. 박정희 대통령은 이러한 남북 대화가 진행되던 당시, "아무리 적대적인 의사를 가진 상대라도 그의 한쪽 손을 붙잡고 있으면, 그가 나를 공격할지 아닌지를 알 수가 있기 때문에 대화가 필요하다."[주3]고 했어.

그만큼 대화가 중요하단다. 사실상 대화와 교류가 왕성하게 이루어지던 기간에는 남북 간의 충돌이 완전히 없지는 않았지만, 현저하게 떨어진 것은 사실이야. 대화가 단절되어 있을 때 대형 사건들이

많았지.

🧑 **서설** 그러면 금강산 관광이 중단된 것도 대화가 없었기에 벌어진 일인가요?

🧑 **정 선생** 그래. 그 사건이 남북관계가 악화되는 계기가 되어 아쉬워하는 사람들이 많지. 그런데 남북 간에 일어난 사건 중에 이보다 더 끔직한 사건인데도 북한의 사과를 공식적으로 받지 않고 대화가 진행된 선례는 있었어. 예를 들면 1968년 1·21 사태와 1983년 아웅산 폭탄 테러 사건같이 대통령의 목숨을 노리기도 했던 사건에서도 북한이 공식 사과하지는 않았어도 남북 대화는 했었지. 그런데 이명박 정부에서는 북한이 사과하지 않는다고 남북 대화를 하려고 하지 않았어. 그 이후로 남북관계는 더욱 꼬이고 말았던 거야.

사람들에게 잘 알려지지 않았지만 남북 협상 전문가의 말을 빌려 조금 얘기해줄게. 사실 2010년 2월 8일에 '금강산 관광 재개를 위한 당국 간 실무회담'을 개최했난다. 북한 측에서는 '신변 안선을 철저히 보장'하겠다고 했다고 해. 그런데 남한 측에서는 진상 규명, 재발 방지 대책, 신변 안전 보장 등 3대 원칙을 통보하고 회담을 끝내버렸다는 거야.

3. 서로 의존하고 있는 사이

🧑 **서설** 우리 남북관계가 이렇게 복잡하니까 "차라리 따로 살자, 무

슨 통일이야." 하는 사람들이 나오는 것 같아요.

정 선생 그렇게 생각하는 사람들이 의외로 많다는 것을 나도 알지. 하지만 실망스러워. 왜냐하면 우리 남북이 얼마나 서로 긴밀하게 연결되어 있는지 모르거나 아니면 애써 눈감으려 하는 것 같아서 말이야.

몇 년 전 북한의 썩은 웅덩이에서 발생한 말라리아모기가 비무장지대를 통과해 남쪽의 군인 장병들에게 병을 옮기면서 남쪽 장병들의 채혈에 차질을 빚어 병원에서 수술 환자의 피가 모자란 적이 있었어.[주4]

그뿐이 아니야. 2013년 봄에 우리나라가 전쟁 위기에 휩싸이면서 관광객 수가 많이 줄어들었다는 거야. 심지어는 사업상 우리나라에 와야 할 외국인이 전쟁이 날 것 같다고 오지 않아 어려움을 겪는 기업들도 있다고 해.

그만큼 남북은 서로 모른 체하고 살아갈 수 있는 상대가 아니야. 이미 세계가 서로 의존하는 세상인데 더 말해 무엇하겠니. 그리고 아무리 생각해봐도 한민족이라는 생각으로 살아야 남한도 북한도 서로 손해 보는 일이 없을 거야. 그러니까 뻔한 길을 자꾸 돌아가게 하는 장애물이나 문제를 꼬이게 하는 대결 조장 술수를 민족이 합심해서 걷어내야 해.

몇몇 한반도 전문가는 남북관계를 NATO No Action, Talks Only로 규정[주5]했단다. 오고 가는 말만 무성하고 그에 비해 행동이 빈약함을 풍자한 말이겠지. 하지만 우리의 역동적인 민족성을 생각하면 더 힘 있게 많은 일들을 실행에 옮길 수 있어. 통일의 장애 요인을 걷어내야

사진_아! 한반도 ⓒ 최병수 화백

하는 과제가 있지만.

🧑 해밀 우리 한반도에 주변국들이 관심이 많다면서요?

🧑 정 선생 그렇지. 2000년 6·15 남북정상회담을 개최하기로 하고 남북이 급속히 가까워졌어. 그 즈음에 주변 4대 강국이 취한 행동을 보면 한반도가 전략적으로 얼마나 중요한 지역인지 알 수 있어.

6·15 남북정상회담이 예고된 후인 5월에 김정일이 중국을 방문해 8년 만에 김정일-장쩌민 북중 정상회담을 했어. 그 뒤에도 10월까지 양국의 중요 인물이 오고 갔고, 같은 해 7월에는 푸틴 러시아 대통령이 평양을 방문해 김정일 국방위원장과 정상회담을 했지.

뿐만 아니라 그해 10월 올브라이트 미 국무장관이 미국 역사상 고위급 인사로는 처음으로 평양을 2박 3일간 방문해 김정일과 포옹했어. 그리고 이미 3월에 북에 쌀 지원을 약속했던 일본이 10월에는 이보다 5배나 많은 쌀 지원을 약속했어. 또 2002년 9월 총리로는 역사상 처음으로 고이즈미가 평양으로 달려가 북한과 일본 간에 국교 정상화가 임박한 것처럼 보도되었어.[주6]

그런데 일부 신문에서는 서울대 학생회가 6·15 남북정상회담을 축하해서 태극기와 인공기를 함께 내건 것을 문제 삼으며 큰일이 난 것처럼 호들갑을 떨었지.

2장 벼랑 끝에 선 핵

1. 북한은 왜 핵무기를 만들었을까?

🧑 **해밀**　선생님 북한은 왜 핵부기를 만들었을까요?

😐 **정 선생**　북한은 자신들이 핵 억제력을 갖기 위해서라고 말하고 있어. 즉 핵무기를 가짐으로써 이라크처럼 미국에 의해 침공당하는 일이 없을 것이라고 믿고 있는 것이지. 핵개발에 성공한 뒤에 김정일이 "이제 실었다."고 했다는 것을 보면 나름 절박했던 것 같아.

또 한 가지 이유는 핵을 통해서 미국과 협상력을 높이는 것이지. 핵무기가 있어야 자신들이 미국과 대등한 협상을 할 수 있다고 믿는 거고. 또 자신들이 원하는 평화 체제를 얻어내기 위해서도 핵무기 같은 강력한 수단이 있어야 한다고 생각하고 있어.

🧑 **해밀**　북한은 언제부터 핵무기를 개발했나요?

😐 **정 선생**　모든 일에는 태생적 배경이 있기 마련이고, 그 존재의 특성을 말해주는 핵심적인 관건이지. 이를 알아보는 데는 미국 CNN 기

자가 쓴 책을 인용하는 것이 좋겠다.

미국이 한국전쟁에서 신속한 승리로 전쟁을 종결짓기 위해 핵무
기 사용을 거론한 이래, 한반도에서 항상 핵무기의 그림자가 드
리워 있었다. 핵폭탄을 갖고자 하는 김일성의 관심은 바로 이때
부터 시작된 것으로 여겨진다. 1950년대 말, 평양 북쪽 영변에 핵
연구단지가 조성되었고, 1980년대 말까지 5메가와트급 원자로가
전면 가동됐다.[주1]

🙂 **해밀** 그렇게 핵무기를 개발하는데 이를 막기 위해 어떻게 했어
요?

🙂 **정 선생** 지금부터 북한의 핵무기 개발과 그를 둘러싼 갈등의 역
사를 말해줄게. 북한이 처음으로 핵무기를 개발한다는 의혹을 받은
것이 1993년이었어. 그때 미국은 북한의 핵무기 개발 시설을 공격할
전쟁 시나리오를 짜 가지고 있었어. 실제로 전쟁이 일어날 뻔했지. 그
런데 전직 미국 대통령이었던 지미 카터가 북한을 대통령 특사로 방
문하여 전쟁 위기를 협상으로 전환시켰지. 그때 미국 국방장관마저도
"1시간만 늦었어도 전쟁이 났다. 전쟁이 나지 않은 것은 기적이었다."
라고 말할 정도의 위기였지. 우리나라 중진 국회의원이라는 사람이
카터가 방북한다는 소식에 "그 늙은이가 왜 오는지 모르겠다."고 푸
념했지만 말이야.

🙂 **서설** 미국이 공격해서 핵시설을 파괴했더라면 지금처럼 북한이

핵을 가지고 국제사회를 위협하는 일은 없지 않았을까요.

정 선생 그건 그렇지가 않단다. 그때 북한의 핵무기가 지금보다 보잘것없었다고 하더라도 양쪽의 재래식 무기도 엄청나거든. 양쪽의 정규군만 해도 남한 약 70만과 북한 약 110만을 합쳐 180만이야. 전쟁이 나면 한반도는 잿더미로 변하고 말 거야. 누가 이기고 지는 것이 큰 의미가 없단다. 다 파괴된 후에 승리가 무슨 의미가 있겠어. 그래서 우리 민족이나 세계 평화의 입장에서도 기필코 협상으로 평화를 얻을 수밖에 없는 거야.

해밀 그래서 그 후로는 무슨 일이 있었죠?

정 선생 미국의 지미 카터 전 대통령이 평양을 방문할 때 남북정상회담을 하기로 약속하고 왔었어. 그런데 김일성 주석이 다음 해 사망하여 첫 정상회담은 열리지 않았지. 대신에 협상으로 핵 문제를 풀려고 북한과 미국 사이에 직접 대화가 열려 1994년 10월에 제네바 합의(기본 합의)를 했지. 그 합의 내용을 보면, 북한이 핵을 개발하지 않기로 하고 중유 50만 톤을 주고 한반도 에너지개발기구KEDO가 북한의 신포에 경수로를 지어주기로 했어. 여기까지가 1차 핵 위기와 그 해결 과정이야.

다행히 평화적으로 핵 문제가 풀려가는 것으로 보였어. 하지만 우리의 역할은 아무것도 없이 경수로 지어주는 비용을 70% 정도 부담했지. 우리 정부는 협상에 참여하지도 못하고 부담만 지는 외교상의 참사로 기록될 만한 사건이었단다.

사진_호모 파베르 3 ⓒ 최병수 화백

해밀 그런데 그렇게까지 해주면서 북한을 달랠 필요가 있었을까요?

정 선생 글쎄, 나도 그 점이 궁금해서 찾아봤는데 핵 전문가인 데이비드 올브라이트David Albright가 2002년 다음과 같이 말하고 있더구나. "기본 합의가 북한의 핵 프로그램을 동결시키지 않았더라면, 북한은 2000년까지 60~80개의 핵무기를 만들기에 충분하다."[주2]

이런 정보들을 알고 대처한 것이 제네바 협상이라고 할 수 있지. 그런데 미국의 조지 W. 부시 대통령이 집권하고부터 북한을 이른바 "악의 축"이라고 지칭하면서 미국이 제네바 합의를 지키지 않았어.

그리고 "북한이 핵개발을 하고 있다."고 미국이 의혹을 제기하자 북한이 핵확산금지조약NPT에서 탈퇴했던 거야. 이게 2차 핵 위기인 셈이지. 1차 때와 달리 2차 핵 위기 때는 한국이 외교 활동을 통해 핵 문제에 개입했어.

이때 북한 핵 문제를 해결하기 위해 2003년에 만들어진 국제회의가 바로 6사 회담이라는 것인데, 우리가 참여한 국제회의라는 섬에 의미가 있어. 우리 운명을 결정하는 데 당사자인 우리가 참여하지 못했던 그동안의 역사를 보았을 때 그래도 우리의 위상이 많이 올라간 것이란다.

북한 핵 문제를 해결하기 위해 당시 통일부 장관이 평양을 방문하여 김정일 국방위원장과 5시간에 걸친 회담 끝에 6자 회담에 복귀하기로 했어. 이러한 외교적 과정을 거쳐 사실상 북한과 미국 사이에 맺어지고 6자 회담에서 추인한 것이 '9·19 공동선언'이야. 그런데 이런 협상도 사실은 북미 간에 먼저 합의가 이루어진 후에 6자 회담의 형식을 빌려 합의한 것이라고 생각하면 돼. 결국 핵 문제는 북한과 미국과 줄다리기의 성격이 강하다고 보면 될 거야.

2. 합의하고 깨지고……

🙍 **서설** 9·19 공동선언이 뭐예요? 오래 전에 뉴스에서 한번 본 기억이 나는데요.

😀 **정 선생** 9·19 공동선언은 상당히 중요한 합의가 담겨 있는 외교 문서야. 모든 외교적 합의는 문제가 발생하고 그 처리 과정에서 나오는 것이란다. 2005년 2월에 북한이 핵보유선언을 하면서 6자 회담을 중단하고 미국에 대북한 적대시 정책을 포기하라고 요구하면서 전쟁 위기까지 고조되었지.

또 한 번 전운이 감도는 상황에서 당시 노무현 대통령이 이종석 국가안전보장회의 의장을 미국에 급히 보내 전쟁 위기를 진정시켰다고 해. 그리고 북한에 200만 킬로와트의 전기를 제공하기로 하고 북한을 협상 테이블로 이끌어낼 수 있었지.

그래서 북한과 미국이 회담을 해서 나온 북한과 미국과의 합의가 9·19 공동선언이야. 그 내용에는 북한 핵무기에 대한 해결 방안이 담겨 있어서 우리가 새겨볼 만해. 주요 내용만 얘기해줄게.

북한이 모든 핵무기와 현재 존재하는 핵 프로그램 포기, 빠른 시일 내 핵확산금지조약NPT 복귀와 국제원자력협정IAEA 안전 조치로 복귀하기로 약속했어. 이에 반해 미국은 한반도에 핵무기를 두지 않으며,

핵무기나 재래식 무기로 북한 공격·침략 의사가 없음을 확인하며, 한국에 핵무기를 들여오지 않겠다고 약속했던 것이지.

또 한 가지는 북한의 핵에너지를 평화적으로 사용하는 권리를 존중한다고 했고, 적당한 시점에 북한에 경수로를 제공하는 논의를 한다는 내용이 들어 있었어. 이 점에서 북한 핵 문제를 협상으로 풀려고 했을 때 꼭 필요한 내용이 담겨 있다고 평가되는 합의문서야.

🙂 **해밀** 왜 아직도 문제가 안 풀리는 거죠. 이 합의대로 하면 되지 않았나요?

😐 **정 선생** 공동성명 발표 다음 날 미국이 다음과 같이 발표했단다. "북한이 마카오에 있는 방코델타아시아BDA 은행에서 위조달러 지폐를 유통시켰다. 또 마약 등 불법 국제거래 대금을 세탁하는 등 자금 조달과 유통을 해온 것으로 드러났다."고 발표하고 북한 계좌 2,500만 달러를 묶었던 것이지.

😊 **서설** 이 위조지폐와 마약 등의 거래 대금을 돈세탁했다는 미국의 발표는 사실인가요?

😐 **정 선생** 마카오 정부의 의뢰로 국제적인 회계 회사인 언스트 앤 영이 수개월간 감사를 하고 작성한 감사 보고서가 있어. 보고서에는 "미국 측 주장을 입증할 아무런 증거도 찾지 못했다."[주3]고 쓰여 있어.

😊 **서설** 그런데 미국이 남의 나라 은행에도 그렇게 개입할 수 있나요?

🧑 **정 선생** 세계은행 규정과 유엔 규정에 의해 상대국 통화를 위조하여 돌린 국가는 자금을 동결할 수 있단다. 하여간 9·19 공동선언은 물거품이 되고 말았지.

🧑 **해밀** 이해가 안 가는데요. 왜 협상을 하고 하루 만에 물거품이 될 수 있는 거죠?

🧑 **정 선생** 우리나라도 그렇지만 미국도 협상파와 강경파가 있단다. 당시 미국 국무장관 라이스와 동아시아 태평양 담당 차관보인 크리스토퍼 힐은 협상파였고, 부통령이었던 딕 체니와 국방장관이었던 럼스펠드는 강경파였지. 강경파들이 9·19 공동선언을 깨버린 것이라고 힐 차관보가 나중에 말하더란다.[주4]

🧑 **서설** 그래서 북한이 미사일 발사하고 핵실험하고 그랬나요?

🧑 **정 선생** 그렇지, 2006년 미국 독립기념일인 7월 4일에 사정거리 6,000킬로미터에 달하는 미사일을 발사했어. 미국 독립기념일을 축하해주는 북한만의 방식이었는지는 모르겠으나 불꽃놀이 대신에 대포동2호 미사일을 발사했지. 그것은 미국 전문가들이 알래스카와 미국 본토에 대한 타격 잠재력을 가진 것으로 믿고 있는 대륙간 탄도미사일ICBM이었어. 실제 상황에 대한 대응으로 미국의 미사일 방어 체계 MD가 가동 준비에 들어간 것은 이때가 처음이었다[주5]고 해.

10월에 1차 핵실험을 했지. 결국 북한과 미국 간에 협상하고 합의하고, 합의사항이 깨지고 하는 일이 반복되었어. 그에 대항하여 북한의 미사일 발사나 핵실험이 반복되었다고 할 수 있지.

🧑‍🦰**서설**　2007년에도 북한과 미국 간에 중요한 합의를 했다고 들었
는데요. 미국의 정책이 바뀐 건가요?

🧑**성 선생**　낳이 아는구나. 서설이가 통일 동아리를 운영할 정도로
관심이 많다고 들었는데 역시…… 당시 미국은 2차 이라크 전쟁을 벌
이고 있었어. 이라크에 대량살상무기가 있다고 했으나 유엔 조사단이
찾아내지 못했어. 명분 없는 전쟁이었던 셈이지. 이 전쟁에서 미국은
막대한 전쟁 비용을 부담하면서 희생자가 늘어나고 전쟁 반대 여론
이 거세게 일어났어.

　그 결과 2006년 가을에 실시된 의회 선거에서 부시 대통령이 소속
된 공화당이 패배했어. 그러면서 흔히 매파라고도 부르는 미국 내 강
경파의 주장이 설득력이 떨어지면서 북한 핵 문제도 협상으로 풀자

는 주장이 영향력을 갖게 되었어. 그 결과 북미 간 협상이 벌어졌고, 2007년 2월 13일에 '2·13 합의'라고 일컫는 합의문이 나왔지. 이것은 9·19 합의를 이행하기 위한 실행 계획인데, 실행할 날짜까지 명시된 구체적인 합의라고 할 수 있어.

🙂 **해밀** '2·13 합의'에 대해서도 중요한 내용 중심으로 설명해주세요.

🙂 **정 선생** 북한은 영변 핵시설을 60일 이내에 폐쇄하고 확인을 받고, 이에 대한 대가로 중유 5만 톤을 받기로 했어. 또 모든 핵 프로그램에 대한 완벽한 신고와 핵시설을 쓸모없이 만들면, 즉 불능화하면 95만 톤의 중유를 받기로 했고.

그런데 이보다 더 주목할 만한 합의가 있어. 그것은 바로 북미 간에 완전한 외교관계를 향해 전진하는 것을 목표로 양자 회담을 시작하기로 합의했다는 점이란다.

또 북한에 대한 '테러 지원국' 지정을 중단하고 적성국 교역법에 의해 가해진 오랜 동안의 제재도 풀기로 했어. 이 협상을 주도한 사람이 북한의 김계관과 미국의 크리스토퍼 힐인데, 힐이 뛰어난 협상가로서 실력을 발휘하여 9·19 공동선언과 2·13 합의를 이끌어냈다고 할 수 있지. 하지만 미국 행정부 내의 힐 비판 세력들은 그에게 별명을 붙여주었어. '김정힐Kim Jong Hill'[주6]이라고 말이야.

🙂 **해밀** 그렇게 합의했는데 왜 북한은 핵 능력을 더 키운 것일까요?

🙂 **정 선생** 그게 참. 많은 사람들이 북한과 미국 간에 '신뢰의 위기'

라고 말하는데 나도 그 말에 동의해. 미국도 북한이 합의를 이행하지 않을 것이라고 의심하고, 북한은 미국이 합의사항을 이행하지 않고 있다고 비난했어. 문제는 전혀 풀리지 않고, 북한의 핵 능력과 미사일은 점점 더 커져버린 셈이 되었어.

3. 우리 정부는 뭘 했나요?

해밀 　이렇게 북한이 핵무기를 가지고 국제적으로 큰 뉴스거리가 되고 있었는데 우리 정부는 무엇을 하고 있었나요?

정 선생 　그때 우리 정부와 미국 정부의 대응이 참 안타까웠지. 김대중, 노무현 정부 때는 북한과 미국 사이에 협상으로 풀도록 중간에서 노력이라도 했어. 하지만 이명박 정부 때는 '전략적 인내'라는 그럴싸한 외교적 수사로 포장하여 미국이 북한 문제에 개입하지 말라고 했지. 북한은 가만히 놔둬도 망한다고 말이야.

미국도 이라크 전쟁 등에 관심을 갖느라 한반도 문제에 신경을 많이 쓰지 못했어. 그러다 보니 북한은 핵 능력을 몇 배로 키워서 맞섰지. 국제관계를 조금이라도 아는 전문가들은 이 시기를 무척 아쉬워하고 있단다. 그런 점에서 보면 남북관계나 북미관계는 아무것도 안 하고 있다고 문제가 풀리거나 좋아지지 않는다는 것을 알 수 있지.

서설 　그렇군요. 핵 문제가 딱딱한 얘기인 줄로만 알았는데 북한과 미국 사이에 밀고 당기는 과정이 많이 있네요. 그런데 2012년 연말부터 로켓 발사, 핵무기 시험 등으로 우리를 불안하게 했잖아요. 왜 그런 거예요? 북한도 무슨 이유가 있을 것 같은데요.

정 선생 　최근 일이라 소상하게 기억하고 있구나. 그래, 2012년 12월부터 로켓 발사다 3차 핵실험이다 해서 온통 북한 뉴스로 시끌벅적했지. 하지만 뉴스에 나오지 않은 북미 간 비밀 협상 과정부터 이해해야겠구나.

2012년 4월 7일, 8월 17~19일, 두 번에 걸쳐 미 대통령 안보실과 정보기관인 CIA 간부들이 비밀리에 미군용기를 타고 괌을 출발하여 평양에 들어가 북한 측과 협상을 했단다. 미국 측은 북한에게 "더 이상 도발을 하지 말라. 핵실험, 로켓 발사, 미사일 시험 발사는 절대 안 된다. 오바마 정부에게 있어서 대북 적대시 정책은 없으며, 제2기 오바마 정부는 대화와 협상을 통해 주요 현안을 해결할 것"이라는 취지의 이야기가 된 것으로 알려져 있지.[주7]

핵과 로켓 발사 문제는 이렇게 남북한만의 문제가 아니라 북한과 미국 간의 문제로 바라봐야 본질을 알 수 있단다. 군사적 의미에서 북한이 핵을 보유하고자 하는 것은 미국의 막강한 무력 앞에서 결국 자신을 지키는 가장 값싼 안보를 위해서라고 할 수 있거든. 경제적으로 어려운 북한이 다른 재래식 무기 경쟁에서 살아남을 수 없다고 판단을 한 것이지.

더 나아가서는 핵무기를 가지고 자신의 존재감을 과시하여 미국으로부터 북한의 제제를 인정받으려는 진략으로 보여. 그런 점에서 북한 핵 문제는 외교로 풀 수 있는 사안이었는데 미국 외교의 실패라고 말하는 사람들이 많아.

해밀   그런데 이해가 안 가는 부분이 있어요. 미국은 왜 북한을 인정하지 않지요?

정 선생   그게 쉽지 않은 문제야. 미국과 국교를 수립하지 않은 나라가 세계에 4개국이 있단다. 그중에서 이란과 쿠바는 미국과 국교를 수립했다가 단절했고, 부탄이라는 조그마한 나라는 수립할 필요를 못 느꼈다고 해.

그런데 미국은 북한이 원하지만 북한에게 여러 가지 조건을 제시하며 국교를 수립해주지 않고 있어. 여러 가지 요인이 있겠지만, 미국의 전략적인 필요에 의해서 안 한다는 주장이 상당히 설득력이 있어.

미국에는 군산복합체라는 것이 있어서 미국의 정책 결정에 막대한 영향력을 행사하고 있지. 군산복합체란 2차 세계대전 후 특히 미국에서 군부와 독점 대기업이 밀착되어 군수산업을 육성하고 전쟁을 일으켜 큰 이익을 누리는 것을 말한단다. 오죽하면 2차 대전 시의 전쟁 영웅이었던 아이젠하워 대통령이 1961년 퇴임사에서 "미국의 군산복합체들이 자유와 민주주의를 파괴할 것"이라고 강력하게 경고하기까지 했겠니. 이들이 미국 정책 결정에서 막강한 영향력을 행사하니 문제가 아닐 수 없어.

지금 미국 국무장관이 존 케리인데, 그는 미국과 베트남과의 국교 수립에 기여한 사람이야. 그 사람이 2013년 4월에 중국을 방문하여 북한이 핵을 폐기하면 아시아의 미사일 방어체제MD를 폐기하겠다고 발언해서 화제가 되었어. 중국도 굉장히 관심을 기울일 만한 내용이었지. 왜냐하면 아시아의 MD는 중국을 겨냥한 것이기도 하니까. 하지만 미국에 돌아가서는 한발 물러섰지. 그것을 봐도 군산복합체가 강력한 영향력을 갖고 압력을 넣었다고 추측할 수 있어.

또한 미국이 그동안 북한을 불량 국가로서 취급하고 있는 점 등이 미국 국내 여론에도 좋지 않은 영향을 미친 결과라고 할 수 있을 거야.

해밀　그래요. 많은 언론들이 북한을 호전적으로 묘사하는데 누가 호감을 갖겠어요. 우리하고도 감각적으로 맞지 않는 것 같아요.

정 선생　그들은 미국이 주도하는 압박과 제제를 많이 당해 특수하게 발전한 사회이니 우리가 보기에 영 감각이 맞지 않는다고 할 수 있겠지. 하지만 그 원인부터 생각해보는 것이 지성적인 태도 아니겠니?

4. 핵 문제, 어떻게 풀어야 하나?

서설　그럼, 어떻게 해야 문제가 풀릴까요. 남북한과 미국의 관계도 복잡한데 이제 중국까지 생각하니 머리 아픈데요.

정 선생　그러니까 간단히 말해 북한이 핵무기를 포기하게 해야 모든 문제가 쉽게 풀려. 하지만 북한은 핵을 포기하려고 하지 않을 거야. 2012년 자료 기준으로 북한은 국방비(8억 달러) 등에서 남한 국방비(256억 달러)의 32분의 1 정도[주8]밖에 쓸 수 없는 경제난과 최강의 미국과 맞서고 있다는 절박감이 있거든. 그러니까 비용에 비해 효과가 큰 핵무기를 쉽게 포기할 수가 없겠지.

　문제를 풀기 위해서는 그 본질을 잘 파악하는 것이 무엇보다 중요해. 북핵 문제는 핵무기라는 군사적 문제이기도 하지만 보다 중요하게는 정치적 문제라고 할 수 있어. 북한이 체제를 보장받으려는 것이지. 쉽게 말해 생존을 위해서야. 그러니 북한과 평화 협정을 맺고 "체제를 보장할 테니 그만 문을 열고 경제나 잘 돌보아라." 하면서 "대신에

핵은 없애라."고 하는 것이 최선의 대안이라고 생각해. 서로 못 믿겠
으면 9·19 공동선언의 합의사항처럼 '행동 대 행동의 원칙'에 따라서
동시에 시행하면 되지. 그렇게 하지 않고는 결코 풀릴 수 없을 거야.

그리고 북한을 고립시키고 있는 국제적인 제재 조치를 풀어야 해.
나무도 자꾸 때리면 가시가 돋는 것이 자연의 섭리거든.

🧑 **해밀** 북한이 핵을 개발하니까 우리도 핵을 개발하자고 주장하
는 사람도 있고, 국방비를 더 많이 써서 대비해야 한다고 말하는 친
구들도 있는데요.

🧑 **정 선생** 북한 핵 문제를 빌미로 우리도 핵을 개발하자고 하거나
안보만을 강화하자는 주장은 이른바 '안보 딜레마'를 생각하지 않는
주장이야. 안보 딜레마란 어떤 한 나라의 군비가 증강되면 다른 나라
들도 덩달아 군비를 증강하게 되어 결과적으로 자기 나라의 안보를

위협한다는 뜻이지. 한마디로 말해 군비 경쟁의 악순환이 일어난다는 것이야.

민족 전체의 눈으로 바라볼 때 남북한이 군사비를 많이 지출하면 삶의 질을 떨어뜨리는 결과를 가져오지. 복지 비용이나 인재를 양성할 교육비 등에 쓸 돈이 부족해질 테니 말이야. 어디 그뿐이야. 동아시아 전체를 놓고 볼 때 군비 경쟁이 일어나면 중국이나 일본보다 경제 규모가 작은 우리가 경제적으로 더 많은 피해를 보게 되어 있어.

🧑 해밀 그런데 북한 핵 문제를 푸는 데 우리나라도 어떤 역할을 해야 하지 않을까요?

🧑 정 선생 훌륭한 문제의식이다. 북한이 핵을 가진 것에 대해 불안해하는 사람이 많은데 그럴수록 우리가 모른 체하면 안 돼. 핵이 기본적으로 북미 간의 문제라고 해도 우리가 개입해서 미국에 협상을 요청하고 북한을 설득하는 노력을 해야지. 남한이 모른 체하는데 미국인들이 적극적으로 개입하겠어?

미국이 개입해서 모든 해결을 주도하면 결국 우리는 국제사회에 나약함을 드러내는 거야. 자기 문제를 남에게 맡겨버리는 것은 우리 국력 수준에도 맞지 않고 정말 자존심이 상하는 일이지. 현재의 남북문제는 복잡하게 얽혀 있어서 우리 힘만으로는 완전무결하게 해결할 수 없는 게 사실이지만 그렇다고 우리가 손을 놓거나 북한을 무턱대고 대결로 몰아가면 문제는 더욱 복잡해질 거야. 북한을 압박해서는 의도된 결과를 얻지 못했다는 것이 지금까지 '북핵 위기'에서 우리가 얻은 교훈이니까.

하지만 위기危機라는 말은 위험과 기회를 합친 말이라는 점을 명심하면 절대로 낙심할 필요는 없어. 속담에도 있듯이 '동이 트기 직전에 어둠이 가장 짙은 법'이니까.

3장 이 시대의 부끄러움, 이산가족

1. 이산가족 문제, 왜 풀리지 않을까?

서설　선생님 이산가족은 왜 발생했지요?

정 선생　그래. 무슨 일이든 그 근원부터 생각해보는 것이 현명한 태도지. 이산가족은 결국 남북이 분단되었기 때문에 발생했단다. 결정적으로는 한국전쟁 때 남북한이 치열한 공방전을 벌이는 와중에서 대부분 발생했지. 온 가족이 피난 나오지 못해서 남북으로 나뉜 사람들, 피난 내려오다 헤어진 사람들 등등 아주 많은 사연들이 있어.

어쨌든 남북 분단 때문에 사랑하는 가족과 함께 살지 못하는 모든 사람들을 포함해서 민족의 강제된 이별로 바라봐야 할 것 같구나.

해밀　얼마나 많은 사람들이 헤어져서 살고 있나요? 남북의 정부가 왜 이런 문제를 해결해주지 못하는 거죠?

정 선생　이산가족이 천만 명이라고 하지. 많은 분들이 돌아가셔서 그 수가 줄었겠지만 정확히 집계하기가 현실적으로 힘들 거야. 지금까지 이산가족 상봉이 21회 있었다지만 1만 8,000여 명에 불과하고 생사 확인한 수는 기껏해야 5만 3,000여 명 정도라고 해. 동·서독이 통일되기 전까지 인적 교류한 수가 동독 인구의 3분의 2, 서독 인구의 3분의 1이 될 정도였다[주1]는 것에 비하면 우리는 초라하기 이를 데 없는 성적표인 셈이지.

남북한 정부가 이 문제를 속 시원히 해결하지 못하는 것을 부끄러움으로 알아야 할 텐데, 그렇지도 않은 것 같아. 생각해봐. 사랑하는 가족과 떨어져 만나볼 수조차 없는 현실을. 독일은 분단된 초기부터 방문을 했다는데 남북한의 권력자들은 이 정도의 정치적 역량밖에 없을까 싶어서 솔직히 화가 날 정도야. 물론 이유가 없는 것은 아니야. 북한은 이산가족 상봉으로 남한과 인적 교류가 일어나면 자신들의 체제가 무너질 수 있다고 여기는 듯해. 자신들로서는 걱정할 만한 사안이겠지.

🧑 **해밀** 이산가족들은 연세가 많아서 돌아가시거나 여생이 얼마 남지 않았을 것 같은데요.

🧑 **정 선생** 그렇지. 역사적인 사건이 2000년 8·15 이산가족 상봉이었어. 그때 화제가 된 사건이 있는데, 89세인 박원길 할아버지가 북에서 내려올 막내 동생 노창(69세) 씨와 만날 날을 이틀 앞두고 돌아가셔서 주위를 안타깝게 했지. "막내를 한번이라도 보면 소원이 없겠다."고 입버릇처럼 말하던 할아버지는 임파선암으로 투병 중이었단다. 할아버지는 나날이 악화되어가는 병세에 초조해하며 "한 달만 일찍 내려와도 걸어서 볼 수 있을 텐데 왜 이제야 내려오는 거야."라고 자

주 탄식했단다.[주2]

경기도 성남에 사시는 넝마주이 할아버지는 평양에 사는 딸들을 만나러 갔는데 전날 대통령이 식사를 대접하는 자리에 반바지에 슬리퍼를 신고 나타나셨단다. 그렇게 모시고 가기가 민망해서 옷과 신발을 해드리면서 혹시 북한에 남겠다고 하면 어찌하나 상봉 행사를 추진하던 통일부 관계자들은 걱정했대. 그러나 웬걸, 오히려 그 딸들이 "김정일 장군님 어쩌고저쩌고" 하기만 하면 혼을 내시더란다.

또 하나의 사연은 치매에 걸린 할머니가 주치의를 동반하여 북한에 갔는데 큰아들을 알아보시더란다. 그리고 머릿속에서 50년 세월을 왔다 갔다 한 할머니가 큰아들 손을 잡고 집에 가겠다고 택시를 잡아달라고 해서 주위 사람들 눈물을 훔치게 했단다.[주3]

2. 눈물의 블랙홀이었다

🙍 **서설** 그런데 2000년 광복절 이산가족 상봉 행사에 북한 측에서는 사회적으로 성공한 사람 중심으로 왔다던데요.

😐 **정 선생** 물론 그런 점도 분명히 있었지. 북한에서 가장 유명한 시인인 오영재 씨가 왔는데 그는 북한 정권에서 명예로운 시인으로 인정받은 계관시인이었어. 주체사상탑 비문에 쓰인 시도 그의 작품이란다. 그가 50년간 절절히 어머니를 그리워하면서 쓴 시를 어머니 영전에 바쳤는데, 인용해볼게.

늙지 마시라

늙지 마시라, 늙지 마시라
더 늙지 마시라 어머니여
세월아 가지 말라
통일되어
우리 만나는 그날까지라도

이 날까지 늙으신 것만도
이 가슴이 아픈데……
세월아 섰거라
통일되어
우리 만나는 그날까지라도

너 기어이 가야만 한다면
어머니 앞으로 흐르는 세월을
나에게 다오.

내 어머니 몫까지
한 해에 두 살씩 먹으리……

검은 빛 한 오리 없이

내 백발 서둘러 온대도

어린 날의 그날처럼
어머니 품에 얼굴을 묻을 수 있다면
그 다음에 그 다음에
내 죽어도 유한이 없으리리

어머니가 찾아가는
통일의 그 길에선
가시밭에 피 흘려도
아프지 않으리
어머니여 더 늙지 마시라.

세월아 가지 말라
통일되어
우리 서로 만나는 그날까지라도……

3. 눈물로 소비할 수 없는 문제

🧑 **해밀**   주체사상 같은 정치적인 냄새는 전혀 나지 않는 순수한 효심이 느껴지는데요.

🧑 **정 선생**   그렇지. 이산가족 상봉 행사를 마치고 우리 사회의 효심

이 더 깊어졌다는 보도도 있었단다. 하여간 우리의 민족정서가 어디 가겠니. 정치적으로 악용만 하지 않는다면야.

🧑 **해밀** 눈물도 나고 억울한 것이 이산가족의 역사네요. 선생님 말씀에서 분단은 우리 민족이 나뉘어 사는 것만이 문제가 아니라는 생각이 들어요. 그로 인해 민족의 생각과 마음을 분열시키는 것이라 더 몹쓸 짓인 것 같아요.

🧑 **정 선생** 어디 그뿐이니. 서로 자존심 싸움으로 망신스럽기도 하고 합쳐서 커질 힘을 쓸데없이 낭비하게 만드는 독소지 뭐야. 이산가족 상봉처럼 인도적인 행사는 정치적인 고려를 하지 말고 폭넓게 이루어져야 한다고 생각해. 그리고 분단시대의 가장 큰 부끄러움이지만 이산가족 문제는 눈물로만 소비할 일은 아니야. 그 이면에 존재하는 견고한 분단의 장벽을 어떻게 녹여낼까를 생각하는 데까지 나아갔으면 좋겠다.

|흐름 잡기| 『아들아, 내가 가랴 네가 오랴』

재미교포 강대인 씨가 쓴 책에 나오는 절절한 이야기를 간추려서 소개한다. 저자의 고향은 전남 영암인데 큰형은 수재로 소문이 나서 당시 최고의 영재들이 다닌다는 서울에 있는 경기중학교에 진학을 하여 고향을 떠나게 되었다. 어머니가 밤새 만들어준 무명 바지와 주먹밥을 들고 벚꽃 휘날리는 길을 나섰다. 그런데 고향인 영암은 해방 이후 남한의 많은 곳에서 그랬던 것처럼 좌익과 우익으로 갈라져 유격전이 벌어지고 있었다. 특히 산 아래 동네에서는 더욱 그랬다. 토벌대에게 식사 제공과 환자 치료 등의 갖가지 편의를 봐주면서도 '빨갱이'라는 의심을 받아야 했고, 밤에는 밤대로 빨치산*들이 요구하는 식

량 등을 대주어야 했다. 그 와중에 아버지는 둘째 아들의 생일상을 차려주려고 닭 한 마리를 잡으러 시냇가로 나갔다가 토벌대와 빨치산 간의 교전으로 돌아가셨다.

그리고 한국전쟁이 터졌다. 서울로 나간 큰아들이 행방불명이 되고 말았다. 폭격에 죽었다거나 군대에 입대를 했다는 등 온갖 소문이 무성했다. 어머니는 주체할 수 없는 마음이 되어 제주도에 있는 신병 훈련소에도 가보고 거제도 포로수용소에도 가보았다. 벚꽃이 피어서 꽃굴이 만들어지면 흩날리는 꽃잎마다 아들의 얼굴이 들어 있었다.

그러다가 가족이 모두 미국에 이민을 가게 되었는데, 1991년 「남북기본합의서」가 조인되어 남북 간에 얼음이 조금씩 풀려갔다. 이때 미국에서도 신부님과 스님, 목사 등의 성직자들이 중심이 된 '이산가족 찾아주기 운동'이 생겨났다. 그래서 상봉 추진 모임의 목사님에게 전화를 해서 큰형 강대용 씨 인적 사항 등을 써서 신청했다. 당시에 교포사회 일부에서는 간절한 만남을 주선하는 분들을 친북 인사다, 용공 인사다 하며 경원시하기도 했다.

그런데 기적적으로 북한에 살아 있다는 소식을 알게 되었고, 편지까지 받게 되었다. 어머니의 기쁨은 이루 말로 할 수 없었고, 그 하염없이 흐르는 눈물을 보고 셋째 아들인 저자는 다음과 같이 쓰고 있었다.

"자그마한 몸속 어디에 다 담겨 있었던가."

미국과 북한에서 사업을 하는 사람들이 민간 외교관이 되어 도와주었다. 미국 국무부 관리를 포함하여 상·하원 의원과 언론의 집중 조명까지 받으면서 북한을 움직여 결국 큰아들이 미국에 나올 수 있게 되었다.

하지만 어머니 이행옥 여사가 뇌출혈로 쓰러져 그만 81세를 일기로 숨을 거두고 말았다. 형제자매들은 큰 형을 어떻게든 장례식에라도 참여하게 하려고 애를 썼다. 어머니가 운명을 달리했다는 말에 북한에서도 큰형의 미국 방문을 허용하지 않을 판인데, 국제적인 언론의 관심하에 결국 큰형 강대용 씨가 미국에 들어와 어머니 장례식에 참가하게 되었다.

관 속에 누운 어머니를 보는 큰형은 어머니 손을 잡고서 벅찬 감회에 말을 잊고 눈물만 흘렸다. 그리고 자신이 결혼할 때 준비하여 통일되면 어머니에게 비단 옷 한 벌 해드리려 이제까지 간직해온 비단을 꺼내놓았다. 끝내 직접 전하지 못하고, 둘째 아들이 받아 관 속에 넣었다. 그러자 큰아들은 동생에게

"그 비단으로 어머니를 덮어드려라," 하며 갈라지고 메인 목으로 간신히 말하였다. 큰아들의 비단이 어머니 시신을 덮어 가리자 빈소는 새삼 눈물바다로 변했다.

이 책을 읽으면서 눈물이 나고 가슴이 먹먹해졌다. 하지만 나중에 찬찬히 보니까 슬픔도 슬픔이지만 화가 나는 구석이 많았다. 이산가족의 간절한 만남을 주선하는 사람을 친북 인사니, 용공 인사니 하는 것이 우선 어이가 없었다. 그것도 남한이 아닌 미국 사회에서 그럴 수 있을까 의심했는데 사실이라고 한다. 민족이 분단되다 보니 미국 교포사회도 이렇게 분열되어 있는가 싶다.

또 하나, 저자는 남북한의 외교관들이 똑같이 안 될 것을 전제로 일을 하는지 모르겠다고 한탄한다. 북한 측에서는 미리부터 '미국 사람들'이 막을 것이라 했고, 한국 관료는 미국에서 허가가 났어도 북한 때문에 일이 안 될 것이라 했다. 오히려 외국인은 인도적 입장에서 포기하지 않고 앞장서 일을 추진하는데 말이다.

또 하나는 장례식에서 남북의 두 외교관이 "누가 먼저 조사(슬픔을 표하는 말)를 할 것인지를 가지고 실랑이를 하는데 미국인 친구들에게 부끄러웠고, 그러한 현실이 슬펐다."고 저자가 썼다. 분단은 이렇게 우리 민족에게 늘 슬픔과 소아병의 원천이다.

*빨치산: 유격대라는 의미의 파르티잔에서 유래된 말로 이들을 낮추어 부르는 말인 '빨갱이'의 어원이 되기도 했음.

개성공단 이야기

1. 개성공단 이렇게 만들어졌다

🙍 **서설** 2013년 봄에 개성공단 문제가 뉴스에 많이 나왔는데요. 왜 개성공단이 중요한 뉴스가 되었던가요?

🧑 **정 선생** 그래, 2013년 봄에 개성공단이 잠정 중단되어 많은 사람들을 우울하게 했지. 개성공난은 단순히 하나의 공업단지를 넘어서 그 의미가 크기 때문이야. 오죽하면 반기문 유엔 사무총장이 직접 나섰겠니. 세계적인 일을 해야 할 유엔 사무총장이 "정치 안보적인 고려를 넘어서 개성공단은 계속 가동되어야 한다."고 우리말로 남북 정부 관계자에게 호소하기까지 했는데 잠정 중단되는 아픔을 겪었지.

미국도 개성공단을 만들 때, 남북관계 속도 조절 등을 이유로 전적으로 찬성하지는 않았다고 그래. 적성 국가에 대한 핵심 기술 수출을 금지하는 바세나르 협정을 준수하라는 말이겠지. 그런데 당시 정동영 통일부 장관이 미국의 국방장관인 럼스펠드를 만나서 개성공단 지도를 보여주면서 "휴전선에서 서울까지 종심(아군과 적군이 마주하는 거리)이 너무 짧지 않느냐."고 설득했다고 한다. 개성공단을 만들어 군사 요충지인 개성에서 북한군이 후방으로 철수하면 그만큼 안보상으로도 이익이라고 설득하여 미국의 승인을 얻었다는 거야.

🧑 **해밀** 개성공단이 언제 문을 열었어요? 남북 교류 협력 사업 중에 10년 넘는 것이 없다고 들었어요.

🧑 **정 선생** 맞아. 어디서 좋은 정보를 얻었구나. 북한이 핵개발을 포기한 대신에 지어주기로 한 경수로 사업이 7년 만에 마감되었어. 그리고 온갖 고생과 역경을 극복하고 시작된 금강산 관광이 10년을 채우려면 6개월 남은 채 중단되고 말았지.

북한의 김정일 위원장과 정주영 현대그룹 명예회장이 개성공단을 만들기로 합의하고 착공한 것이 2003년 6월이니 2013년에 10주년을 맞이할 상황이었지. 그런데 이마저도 두 달을 앞둔 4월에 잠정적이지만 문을 닫게 되었구나.

원래 북한은 중국의 양빈이라는 사업가와 손잡고 신의주에 공단을 조성하려고 했는데 중국 정부가 양빈을 탈세 혐의로 구속하면서 좌절되었어. 중국이 신의주 공단을 방해한 셈인데 그 배경에 관심이 쏠렸지.

신의주에 공단이 생기고 이곳에 남한의 자본이 들어오면 동북 3성에 있는 우리 동포(조선족이라고도 함)와의 연대가 강화될 것을 염려한 듯해. 중국에는 55개 소수민족이 있는데, 이들의 분리·독립 운동을 두려워하고 있는 그들로서는 그럴 법도 하지. 그리고 해주에 공단

을 만들려고 했지만 북한 해군사령부가 있어서 군이 반대하는 바람
에 결국 개성으로 정해졌다고 하는구나.

🧑‍🦱 해밀 여러 과정을 겪었네요. 이러한 과정을 선생님이 다 설명하
신 이유가 있나요?

🧑 정 선생 하하. 눈치가 빠르긴 빠르다. 이렇게 힘든 과정과 우여곡
절을 겪어서 개성공단이 되었다는 걸 얘기하고 싶었어. 그리고 공업
단지를 만드는 게 그렇게 단순하지 않고 그것이 지닌 정치적 영향력
도 생각해봐야 한다는 것이지.

원래 개성공단은 2012년까지 3차례에 걸쳐 800만 평의 공업단지를
만들고 관련 시설까지 합하면 그 면적이 2,000만 평에 이르는 원대한
계획이었단다. 이러한 개성공단 계획을 추진한 고 정주영 회장의 계획
에 의하면 3단계까지 공사가 끝나면 개성공단에서 일할 근로자가 50
만 명이 되었을 것이라고 하더구나. 그래서 인구 50만인 창원시를 모
델로 하여 계획되었다고 해. 그 근로자의 4인 가족으로 계산하면 200
만 명이 개성공단과 관련되어 생활했으리라고 예상할 수 있지.

또한 개성공단의 생산액은 북한의 국내총생산GDP과 맞먹었을 것
이라고 예측했다고 해. 자, 이렇게 된다면 북한은 개성공단을 함부로
대하지 못했을 것이고, 남북 사이의 경제 교류와 민족 화합의 중요한
등대가 되었을 거야. 적대감으로 일렁이는 캄캄한 바다에 한 줄기 빛
을 던지는 등대……

2. 외국인이 평가하는 개성공단

🧑 **서설** 그렇겠네요. 남북 간에 남은 유일한 교류와 협력 사업이라는 말이 생각나요.

🧑 **정 선생** 그렇지. 개성공단은 앞에서 본 핵 문제와 달리 우리 민족 내부의 문제야. 개성공단 만드는 데 심혈을 기울여 앞장섰던 당시 정동영 통일부 장관의 회고에 의하면, "서독의 동방 정책을 설계하여 독일 통일에 기여한 에곤 바르를 2006년에 만났는데, 개성공단의 사진을 보여주고 설명을 하니 무릎을 탁 치면서 '한국형 통일 모델'이다."라고 하더란다. 그리고 "개성공단만 쭉 따라가라. 중간에 경제 통일을 만날 것이고, 그 종점에 통일이 기다리고 있을 것이다."라고 했다지. 또 "독일은 왜 그런 생각을 못했는지 모르겠다."면서 우리 민족의 창의력에 찬사를 보냈던 것이 바로 이 개성공단이야.[주1]

이렇게 외국에서도 호평하는 개성공단이 3단계는커녕 1단계 공사로 100만 평이 이미 다 조성되었는데도 그중 60만 평에만 공단이 들어서서 가동되고 있으니 이게 안타까운 일이지 뭐야. 민간 기업의 투자와 국민 세금으로 1조 원 가까운 돈을 들여 조성된 공업지구가 40%나 낮잠을 자고 있으니 말이다(단순한 공업단지만이 아니라 기업들의 생산 활동을 지원하는 기반시설 등을 갖춘 도시를 꿈꾸었으니 개성공업지구라는 말을 쓰기도 한다).

🧑 해밀 그건 우리 쪽의 기업들이 안 들어가려고 해서 다 못 채운 것이 아닌가요?

🧑 정 선생 그렇게 생각하기가 쉽지만 그런 것이 아니란다. 개성공단에 입주한 기업이 3~4:1의 경쟁률을 뚫고 입주했다는 말을 들어보면 충분히 채울 수 있었다는 얘기지. 정부가 남북 교류와 협력 사업에 대한 의지를 가지고 나서야 하는데 그렇게 되지 못했단다. 정경 분리 원칙을 지켜 어떤 정치 상황에서도 경제 협력은 중단하면 안 되는데 말이야. 정권의 성격에 따라 남북관계에 대한 의지가 한결같지가 않아서 그렇게 되었다고 할 수 있어. 북측은 왜 개성공단을 약속한 대로 확장하지 않는지 따져 묻고는 하였단다.

'통일을 추구하는 특수한 관계'라는 남북기본합의서 정신에 따르더라도 개성공단은 우리에게 중요한 공단이자 평화의 등불이라 할 수 있지. 특히 한국전쟁 이전에는 남한 땅이었는데 북한이 남침할 때 개성과 문산과 서울 경로를 통해서 침략해 왔다는 점에서도 군사적으로도 중요한 지역이야. 이곳에 남한의 기업들이 들어가서 경제 활동을 하는 공단을 만들기 위해서 북한군의 상당한 병력을 뒤로 옮기게 되었단다. 이 점을 보아도 우리 민족의 평화에 기여한다고 할 수 있지 않겠니?

3. 개성공단에 엄습한 위기

🧑 **해밀** 그렇게 중요한 곳인데, 왜 이번에 개성공단 문제가 생겼죠?

🧑 **정 선생** 그러게 말이다. 중요한 것은 민족적인 사업에 대한 이해가 부족한 언론과 정치가들이 문제였지. 앞에서도 보았듯이 1~3차 핵실험 때까지도 북한이 개성공단에 대해 문제를 삼거나 출입을 제한한 것은 한차례에 불과했어. 그것도 잠깐 동안만. 그런데 이번에 문제가 터진 것은 북한이 3월 들어서 우리 언론의 태도와 국방장관의 발언을 문제 삼으면서 시작되었지.

일부 보수적인 언론에서 개성이 "북한의 달러 박스(돈줄)이므로 문을 닫을 수 없을 것"이라는 보도가 나왔거든. "김일성, 김정일 동상을 정밀 타격하겠다."는 어떤 군인의 말도 나왔고. 또한 며칠 있다가 국방부 장관이 "우리 근로자의 개성공단 억류 상황 시 인질 구출을 위한 군사작전을 계획하고 있다."고 발언했어.

이에 북한이 개성공단에 입경(개성공단을 기준으로 들어오는 것)을 금지시키겠다고 우리 측에 통보했어. 그렇게 개성공단에서 인질로 잡힐 것이 두렵다면 들어오지 말라고 응수한 셈이지. 그리고 북한 근로자들도 공단에 출근시키지 않겠다고 발표했어. 그러면서 북한은 남한

관계자들을 인질로 삼을 생각이 없다는 것을 강조하듯이 개성공단에서 나가는 출경은 허용한다고 발표했지. 그것이 4월 3일이었어.

정부는 개성에 있는 남측 관계자들에게 식량과 의약품 공급도 북한이 거부한다며 대화를 제의했지만 묵살되었지. 북한 측은 한미 군사훈련을 문제 삼았어. 그러자 정부는 4월 25일 개성공단 정상화를 위한 책임 있는 남북 당국 간 실무회담 개최를 북한 당국에 공식적으로 제의했어. 그리고 회담에 응할 것인지 여부를 "내일 정오까지 알려달라."고 발표했지. 이와 함께 "북한이 이번 제의를 거부할 경우 개성공단에 대한 중대 조치를 할 수밖에 없다."고 밝혔어.

그러자 북한은 회담을 거부하면서 "남조선이 계속 사태의 악화를 추구한다면 우리가 먼저 최종적이며 결정적인 중대 조치를 취할 수도 있을 것"이라고 통보했어. 북한이 먼저 개성공단을 폐쇄할 수도 있다고 엄포를 놓은 것이지. 그래서 우리 정부가 개성공단에 가 있는 관계자들을 철수하라고 했던 거야.

🙍 **서설** 이번 개성공단 중단 사건은 자존심을 걸고 싸운 것처럼 보여요.

👨 **정 선생** 그래. 흔히 말하는 '기싸움'이 느껴진다. 기싸움은 '치킨 게임'으로도 비유된단다. 겁쟁이(치킨)가 되지 않기 위해 서로 마주 보고 차를 모는 게임 말이야. 누구 하나가 겁쟁이가 되지 않으면 둘다 큰 사고를 당하고 마는 것이지.

그런데 우리 민족 전체의 눈으로 보면 상당히 부끄러운 사건이 아닐까? 민족의 공동 번영을 위해 서로 합의하여 만든 개성공단이 이렇게 쉽게 중단될 수 있다는 것이 너무 안타깝지. 우리 민족의 문제 해결 능력이 이것밖에 안 되나 싶어서 부끄럽다는 생각도 들고 말이야.

남북이 지혜롭게 합의해서 다시 개성공단이 가동되어 천만다행이야. 지금까지 말한 것은 잘못된 것을 교훈으로 삼자는 취지로 개성공단이 중단되는 과정에서 있었던 일을 말했다는 거 잘 알겠지?

4. 그래도 교류와 협력을 해야……

🧑 해밀   실제로 남북 교류와 협력 사업을 해본 사람들의 생생한 얘기가 재미있을 것 같아요.

🧑 정 선생   남북 협상과 교류·협력 사업을 해본 개성공단 책임자의 말을 들려줄게. 2006년 북한의 핵실험으로 당시 이종석 통일부 장관이 사표를 냈는데 아직 후임자를 정하지 못해서 계속 장관직을 수행했었다고 해. 그런데 퇴직하기 전에 금강산과 개성공단을 가보고 싶어했대. 그래서 이 개성공단 책임자가 장관의 마지막 일정에 신경을 써드리고 싶어서 입주 기업 사장들과 간담회를 갖기로 했다는 거야.

입주 기업 사장들이 약 30명 정도 나왔는데 그 자리에서 자신들의 애로 사항을 얘기했대. 장관이 가운데 앉고 좌우로 남측과 북측의 실무 책임자들이 앉았다고 해. 거기에서 장관이 북한 측에서 할 수 있는 일은 그쪽 책임자인 총국장에게 부탁하고 우리 측에서 할 수 있는 일은 우리 책임자에게 나누어 일을 해결하도록 했다는 거야. 그날이 2006년 12월 8일인데, 그 모습이 인상적이어서 '12·8정신'이라고 명명

했대. 그동안 남북 간의 회담은 누가 이익을 보면 한쪽은 손해를 보는 것이 상례였는데, 이때는 서로 역할을 나누어 협력하는 모습이라서 인상적이었던 것이지. '12·8정신'이 개성공단만이 아니라 평양에까지 알려지고 6개월 후에 만난 북한 측 개성 관계자들도 이 얘기를 하더라는 거야.[주2]

이 얘기를 들으면서 서로가 이익이 되는 일을 만들어 협력하면 얼마든지 우리는 하나가 될 수 있다는 생각이 들었어.

서설 그런데 우리 현실은 왜 이렇게 북한에 대한 적개심이나 거부감이 많은 거죠.

정 선생 우리는 독일과 달리 동족 간의 전쟁을 겪었잖니. 말하자면 전쟁 피해를 입은 세대에게는 부모형제를 죽인 원수인 셈인데 상처가 치유되기가 쉽지 않을 거야. 하지만 과거 얘기만 하다가는 앞으로 나갈 수가 없잖아. 미래 지향적으로 이제 민족이 하나 되도록 노력해야 할 텐데…… 그런데 이것을 위해서 노력해야 할 사람들이 낳다는 것을 명심해야 해.

해밀 그게 누구인데요?

정 선생 나는 언론인, 정치가, 교육자들이 우리 민족의 화합과 사회 통합을 위해 노력해야 한다고 생각해. 이 중에서 특히 언론은 우리의 눈과 귀가 되므로 우리의 판단을 바로 세우게도 하고 흐리게도 할 수 있으니 아주 중요하지.

미국계 한국인과 대화하던 북한 사람이 "우리는 소련에 줄서서 못

살고 남한은 미국에 줄서서 잘산다."고[주3] 했단다. 남한이 잘사는 것을
북한도 잘 알고 있다는 얘기지. 1970년대 초반까지는 북한의 경제력
이 남한보다 나았다는 통계가 있어. 그런데 소련을 비롯한 사회주의
국가들이 1980년대 후반부터 몰락하기 시작하여 결국 사회주의 체제
를 자본주의로 바꾼 뒤로 그들과 경제 협력 관계를 유지했던 북한도
어려워지기 시작했던 것이지.

1945년 남북 분단 이후 남북한은 어떤 체제가 더 우수한가를 놓고
경쟁을 해왔어. 그러나 지금은 체제 경쟁의 상대로 보기에도 민망한
상태지. 북한의 국력을 남한의 몇십분의 일로 보는데 그 상대에게 힘
자랑해봐야 안쓰러운 일 아니겠니. 어떤 분은 북한의 경제력이 우리
의 대전광역시 수준인데 그들에게 무슨 경쟁심을 갖는지 모르겠다고
혀를 차기도 했어. 이제 그들을 포용해야 다른 민족에게도 우리가 아
름답게 보이지 않을까.

햇볕정책을 추진하고 있을 때 중국을 여행한 적이 있었어. 그때 낯
선 중국인들이 한국인이라고 하니까 가난한 북한을 도우려 하니 남
한 사람들이 참 잘하고 있다는 말을 하더구나. 형제가 서로 오순도순
사는 것이 좋아 보이지 않겠어? 싸우면 옆집에서 보기에도 좋지 않고
손가락질할 거야.

남북이 갈려서 세계인들이 불편해할 뉴스만 많이 생산하는데, 그것
도 모자라 남한 내에서도 우리 민족문제를 가지고 극렬하게 의견 대
립을 하는 걸 보면 한심하다는 생각이 들어. 과거의 원한으로 대립하
고 없애야 할 상대로 여긴다면 누가 이기고 지고를 떠나서 우리 민족
은 서로에게 고통과 상처만 남기고 말 거야. 우리가 포용한다면 얼마

든지 그들을 평화롭게 관리하고 공동 번영을 모색할 수 있는데 말이야. 그 대표적인 상징이 개성공단일 텐데…….

"개성에서 문 닫고 나오면 다시 해외에 나가지 않는 한 한국 내에서 기업을 할 수 없다."는 기업인의 말에 모두가 공감할 것이라고 봐. 월 20만 원도 안 되는 돈을 받고 일할 사람이 남한에는 있을 리가 없으니까. 중국의 변방을 가도 월 30만 원 이상의 임금을 주어야 하는 만큼 개성공단은 기업인들에게 매력적인 투자처였어. 거기다 북한 동포들도 우리 민족의 특성을 고스란히 지니고 있어서 부지런하고 교육 수준이 높기 때문에 생산력도 높은 편이라고 해.

개성공단에 투자한 기업인이 잠정 중단 소식에 분노가 일렁이는 가슴을 겨우 진정시키고 했던 말이 가슴에 긴 여운을 남긴다.

"형제간에 싸우는 이런 나라를 후손에게 물려주고 싶지 않았다."

인용한 책과 매체, 증언

1장 대결과 공존의 남북관계
주1 박희도,『돌아오지 않는 다리에 서다』, 샘터, 1988, 170~171쪽
주2 국토통일원『남북 대화사료집』, 제7권, 85~93쪽.
주3 신종대,『남북관계의 역사가 주는 교훈』, 국회입법조사처 전문가간담회 원고, 4쪽.
주4 박경서·서보혁,『헬싱키 프로세스와 동북아 안보협력』, 한국학술정보, 2012, 395쪽.
주5 임현백,『한반도는 통일 독일이 될 수 있을까?』, 2010, 40쪽.
주6 서중석,「여운형과 21세기 한반도의 국가 전략」,『몽양 여운형 선생 제6회 학술심포지엄 자료집』, (사)몽양여운형선생기념사업회, 32쪽(2013. 7. 19).

2장 벼랑 끝에 선 핵
주1 마이크 치노이,『북핵 롤로코스터』, (주)참언론시사IN북, 2011, 32쪽.
주2 마이크 치노이, 위의 책, 38~39쪽.
주3 마이크 치노이, 위의 책, 519~520쪽.
주4 〈박근혜, 북 붕괴론은 망상… 개성공단부터 풀어야〉,『프레시안』2013년 4월 14일.
주5 마이크 치노이, 위의 책, 461쪽.
주6 마이크 치노이, 위의 책, 440쪽.
주7 백학순,「한반도 위기와 전망: 북미관계, 남북관계, 한미관계」, 평화나눔센터 강연원고, 2쪽(2013. 4. 26).
주8 고수석,『최근 북한의 핵위협과 한반도 리스크의 실제』, 평화재단 평화연구원 2013 심포지엄 자료집, 16쪽(2013. 6. 19). 세종연구소 2012년 자료 재인용.

3장 이 시대의 부끄러움, 이산가족
주1 황호석,『이산가족 교류가 남북한 통합과정에 미치는 영향과 대책』, 1999, 5쪽.
주2 『한국일보』2000년 8월 14일자.
주3 남북교류지원협회 고경빈 전 회장 증언, 2013년 4월 29일.
주4 강대인,『아들아, 내가 가랴 네가 오라』, 사계절, 1997 요약.

4장 개성공단 이야기
주1 〈박근혜, 북 붕괴론은 망상… 개성공단부터 풀어야〉,『프레시안』2013년 4월 14일.
주2 남북교류지원협회 고경빈 전 회장 증언, 2013년 4월 29일.
주3 인요한,『내 고향은 전라도, 내 영혼은 한국인』, 생각의 나무, 2007, 297쪽.

4부
평화가 먼저다

1장 평화는 왜 어려운가?

1. 평화란 무엇인가?

해밀 선생님, 평화가 무엇이죠?

정 선생 꼭 짚고 넘어가야 할 것을 물어보는구나. 우선 평화가 무엇인지 말해볼게. 평화의 한자말은 평평할 평平에 화할 화和 자를 쓰지. 和(화)는 벼 화禾 자에 입 구口 자가 합쳐진 글자니까 쉽게 말해 벼를 고르게 나눠 먹는 것이 평화라는 뜻이야. 결국 평화가 유지되려면 고르게 나눠 먹으려는 정신이 있어야 한다는 것을 간파한 말이 아니겠니?

영어에서도 비슷한 말을 찾을 수 있는데 동료란 뜻의 companion은 어원적으로 '빵을 나누어 주고 같이 한다'는 의미라고 해.[주1] 우리 속담에 '곳간에서 인심 난다'는 말과 통하는 말이지.

하지만 말은 쉬워도 이러한 자세를 갖기는 인간의 이기적 욕망 때문에도 어렵지 않겠니? 그래서 평화나 진정한 동료가 되는 것이 어렵다는 것이지.

평화를 연구하는 세계적인 권위자 요한 갈퉁 교수에 의하면 "완전한 평화란 소극적인 평화 공존을 넘어서 협력적 체제로서 인간은 화합의 창조적인 결실을 명확하게 달성할 수 있다."[주2]라고 정의했어. 쉽게 말하면 싸우지 않고 있는 상태만으로는 완전한 평화가 아니라는 것이지. 서로 협력하고 화합하면서 창조적인 결과까지 나오는 상태라는 뜻이야.

그러니까 한반도 상황에 빗대어 말하면 남북한이 전쟁을 하지 않는다고 해서 평화가 아니라 서로 적대적 정책을 펴고 있는 한 불완전한 평화인 것이지. 여기서 우리가 평화라고 하면 전쟁의 반대 개념으로만 생각해선 안 돼. 전쟁이 없어도 평화가 아닌 상태가 있기 때문이야.

🙍 서설 그럼, 우리 인류에게 평화가 오지 않는 이유는 뭐죠?

👨 정 선생 글쎄, 여러 가지가 있겠지. 나는 가장 중요한 것이 '지배적인 탐욕'이라고 봐. 남을 지배하려는 권력욕이나 극단적인 이윤 추구를 위해 근로자의 노동력을 정당하게 인정해주지 않는 기업가의 욕심 등이 평화를 위협한다고 생각해.

극단적인 이윤 추구는 국민경제 전체에도 좋지 않은 결과를 가져올 수 있어. 왜냐하면 기술 개발을 통해 이윤 추구가 어려우면 노동 비용을 줄일 테니까. 한마디로 일자리가 줄어든다는 말이지.

사회 전체적으로 보면 실업자가 늘어나고 구매력이 떨어지는 거야. 당연한 결과로서 생산과 소비가 줄어드는 악순환이 일어나겠지. 문제는 이러한 현상들이 경제공황까지 갈 수도 있다는 점이야. 자본주의

사회에서 주기적으로 반복되는 경제공황도 따지고 보면 빈부 격차, 소득의 불균형에서 비롯된단다. 이러한 심각한 경제적 문제는 기업가의 극단적인 이윤 추구를 위해 일자리를 줄이는 것이 근원이라고 할 수 있지. 쉽게 비유하자면 자신이 올라앉은 나무가 생기 없이 말라 삭정이가 되어가는 줄도 모르고 자신의 몸집만 불리는 것이지. 조금만 앞을 내다봐도 위험한 일이라는 것을 알 수 있는데도 말이야.

　문화적으로도 평화를 가로막는 요소들이 있어. 앞에 말한 요한 갈퉁 교수는 이것을 문화적 폭력이라고 했는데, 종교와 이데올로기 등을 가리킨단다. 특히 종교로 인한 전쟁도 많았고, 이데올로기 싸움으로 많은 인명과 재산이 파괴되었어.

사진_나무마음 우주마음 ⓒ 최병수 화백

사랑하는 가족들과 헤어져서 살아야만 한 것은 또 어떻고. 종교와 이데올로기가 배타성이 있는 경우에 세상의 평화를 가로막는 더 큰 독소가 되어버리기도 해. 종교와 이데올로기가 공존하기를 거부함으로써 세상의 평화를 위협하는 씨앗을 키워낸다고 할 수 있어.

서설   결국 세상의 평화를 위해 생각이나 종교가 달라도 인정하는 것이 중요하다는 것인가요?

정 선생   어려운 말도 쉽게 이해하는 능력이 있구나. 서설아. 그렇지. 프랑스 혁명에 영향을 미친 볼테르라는 계몽주의 사상가의 말을 예로 들어 설명할게.

볼테르는 "나는 당신의 사상에 동의하지 않는다. 그러나 당신이 그 사상을 가졌다는 이유로 탄압받는다면 나는 목숨을 걸고 당신의 사상의 자유를 위해 싸우겠다."라는 유명한 말을 했어. 그리고 『관용론』이라는 책에서 "신은 우리에게 미워하라고 마음을 준 것이 아니며, 서로를 죽이라고 손을 준 것도 아니다."라고 했어.

증오심이 집단 이기심을 거치면 무시무시한 집단 광기가 되는 거야. 그것이 바로 지적인 민족이라고 자부했던 독일인들이 유대인을 학살하는 만행의 원인이 되기도 했고 말이야.

2. 평화를 위해 어떤 노력을 해야 하나?

해밀   그럼, 평화를 위해서 사람들의 생각을 바꾸려고 노력해야겠네요?

정 선생 그렇지. 좋은 제도나 문화를 만드는 것도 인간이고 운영하는 것도 인간이 아니겠니? 제도와 문화를 좋게 만들려는 노력과 더불어 인간의식을 평화적으로 개혁하는 노력도 해야 해. 프랑스 혁명이 일어났다는 사실만으로 민주주의가 정착된 것은 아니었잖니. 프랑스 혁명 정신을 국민들에게 교육시켜서, 혁명 정신을 지킬 수 있도록 노력했기 때문에 민주주의가 정착될 수 있었어. 의식을 개혁하지 않고는 혁명도 그 뿌리를 내릴 수 없으니까.

해밀 의식개혁이 중요하겠네요. 그럼 어떤 의식을 바꿔야 평화로운 세상이 될까요?

정 선생 난 가부장적 의식부터 바꿔야 한다고 봐. 가부장적 의식이 강하면 수평적인 의사소통을 가로막아 명령과 복종에 익숙한 의식이 형성될 수밖에 없어. 특히 한국에서 성장한 내 또래의 사람들은 아버지의 절대적 권위에 거의 주눅 들다시피 성장했거든. 그 가부장적 문화와 좌익과 우익으로 나누어 극단적으로 상대를 배척하는 반공 이데올로기 등이 결합해서 우리 사회도 평화롭지는 못했지.

가부장적인 문화를 난 무턱대고 배척하지만은 않아. 앞장서서 위험으로부터 사회를 지키는 용기 있는 행동을 하는 데 남자가 더 적합한 DNA를 가졌다고 볼 수도 있거든. 물론 그에 따른 보상을 해주는 것도 반대하지 않지. 하지만 그것을 빌미로 지배적 권력을 행사할 뿐만 아니라 사회의 폭력성을 조장하는 원인이 되는 데는 반대한단다.

세상을 구원하는 것은 여성적인 것이다.

괴테

서설　가부장적인 것이 그런 문제도 있었네요. 그러면 모계중심 사회여야 더 평화롭나요?

정 선생　하하. 내가 50년 넘게 살아오면서 느낀 것은 여성들의 모성애가 세상을 평화롭게 하는 데 크게 기여하고 있다는 거야. 괴테가 말하지 않았던가. "세상을 구원하는 것은 여성적인 것"이라고. 여기서 말하는 여성적인 것은 모성애가 중심을 차지하지.

　남성적인 것이 물론 폭력성만을 의미하지는 않지만 아무래도 남성들끼리 만나면 권력과 서열을 만드는 데 많은 노력을 하게 되거든.

해밀　그래도 남자들이 일을 추진하는 능력은 대단하잖아요.

정 선생　오늘 주제가 평화에 대한 것이라 그쪽으로 얘기를 하니까 그렇지, 남성의 장점도 많지. 네가 말한 추진력! 그게 남성들의 장점이지. 너무 남성 중심적인 사회가 문제가 될 수 있다는 말이야. 세상의 평화를 위해서는 남성성과 여성성의 조화가 무엇보다도 중요하단다. 그 조화를 위해서도 폭력적인 가정문화는 개선되어야만 해.

난 사회의 기초단위지만 가장 소중한 단위인 가정을 어떻게 지키느냐가 중요하다고 생각해. 한 사람의 개성과 의식을 결정짓는 데 가정보다 중요한 것은 없거든. 어렸을 때부터 평화에 대한 올바른 의식을 형성하는 데 가정이 중요하다는 것을 교육 현장에서 체험적으로 많이 느끼게 되었단다.

아버지가 가정에서 폭력을 행사한 집에서 자란 아들이 더 폭력적이 될 가능성이 높다는 연구 결과도 나와 있더구나. 아버지의 폭력을 지겨워하면서도 문제 해결 방식으로 자신도 모르게 내면화된 것이지.

3. 한반도의 평화 정착을 위하여

해밀　인간 세상에 선생보나 비극적인 일은 없잖아요. 그런데 인류는 왜 끊임없이 전쟁을 하는 거죠? 잘못하면 모든 것을 잃을 수도 있는데 말이에요.

정 선생　그게 고등동물이라는 인간이 저지르는 가장 야만적인 행위란다. 이러한 인류의 비이성적이고 반문명적인 자세를 가장 잘 지적한 사람은 1차 세계대전을 승리로 이끈 영국 수상 로이드 조지였어. 그는 평화에 대해 다음과 같이 말했다.

　국가들이 국민들의 힘을 총동원하고, 그들이 지쳐 피를 흘리고 국토가 유린되는 상황에서 평화를 대충 땜질하는 것은 어렵지 않다. 그러나 그러한 평화는 전쟁의 공포를 몸소 겪었던 세대들이 살아 있을 때에만 가능하다. 전쟁의 고통과 공포에 대해 아무 것도 모르는 세대들은 오직 영웅과 승리만을 기대하고 또 찬양한다. 그래서 세대가 바뀌어갈수록 평화를 유지하기는 더욱 어렵다. 영웅과 승리만을 추구할수록 사회적 갈등과 국가 간의 대립은 깊어지기 때문이다.^{주3}

참으로 감탄할 정도의 통찰력이다. 이 말을 우리 사회 현실에 적용해볼까? 나는 우리 사회에서 전쟁을 겪었기 때문에 남북 간의 평화 정착과 통일을 위해 양심적인 사람들이 음으로 양으로 많은 노력을 하고 있는 모습에 존경심을 갖고 있어.

그러나 그 반대로 전쟁을 겪은 세대가 남북 간의 적대적 관계를 더 깊게 하고 평화 정착에 방해를 하는 행동에는 실망감이 들어. 물론 전쟁을 겪어서 북한에 대한 적개심을 갖는 것은 이해하고도 남지만 말이다.

하지만 전쟁의 고통과 참혹함을 알기 때문에 후세에게는 남북 분단의 유산을 남기지 않으려는 노력을 했으면 하는 안타까움이 있지. 그래서 남북 분단 상황을 해소하기 위해 통일에 도움이 되는 행동을 했으면 하고 바라는 거야.

북한을 비난하고 저주한다고 북한이 망해 남한이 흡수 통일을 할 것 같지도 않아 보이거든. 그러려면 진즉 망했겠지. 1990년대 40~50만 명이 굶어 죽었다는 이른바 '고난의 행군 시기'에 말이야. 그 어려움에도 *끄떡없이* 버텨나간 것을 보니 북한도 나름대로는 내구성을 갖춘 사회가 아닌가 싶어. 이제 평화로운 방법으로 평화를 추구하는 남북관계를 만들어 서로 협력하고 상생하는 지혜로운 자세를 보여야 할 때라고 생각해. 남북 간에는 무력 통일을 기도하는 등 많은 시도와 시련이 있었잖아. 더 이상 되지도 않을 것에 집착하지 말고 민족을 위해 올바른 길로 나아가야 해.

2장 평화롭게 사는 길

1. 세상이 평화로워지려면······

🧑 **서설**　선생님 평화롭게 살려면 뭐가 필요한 거죠?

👨 **정 선생**　가까운 데서부터 이야기를 풀어볼게. 학교 폭력부터 이야기해볼까? 요즘 학교 폭력이 학교생활의 평화를 위협하는 가장 심각한 현상인데, 그 이유가 무엇이라고 생각해?

🧑 **서설**　그야 뭐 폭력적인 애들이 군림하려고 하는 게 문제죠. 구경만 하는 애들도 문제고요. 또 통찰력이나 관심이 부족해서 눈치채지 못하는 학교 선생님도 문제고요.

👨 **정 선생**　바로 맞았어. 그런데 학교 폭력을 가해자 학생만의 문제로만 보지 말고 폭력을 조장하는 사회현상과 문화가 없는지 살펴보아야 한다. 나는 많은 전문가들의 진단처럼 성적 경쟁 위주의 교육정책과 결손가정이 가장 문제라고 생각해. 학교 폭력의 원인을 모두 학교와 선생님 탓으로만 돌릴 수는 없어. 왜냐하면 입시에 거의 대부분의

학부모, 달리 말해서 대부분의 국민이 목을 매다시피 하고 있는 현실에서 학교와 교사들의 나름대로의 개선 노력이 효과를 거두기 어려운 구조니까. 학생들이 성적 경쟁에서 심성은 거칠어지고 학교생활은 재미없지. 그러다 보니 자신의 존재감도 과시할 겸 스트레스 풀 대상을 찾아 학교 폭력을 일으키는 경우가 많아.

결국 다양성이 존중되지 않는 입시 경쟁과 학교 문화가 크게 바뀌어야 해. 학교에서 집단 괴롭힘을 당하는 대상을 '찐따'나 '찌질이'라고 부른다면서? 그리고 "너는 왜 우리와 다르냐."며 괴롭힌다면서.

해밀 맞아요. 자기들과 달라 보이거나 허약한 애들을 괴롭히는 것 같아요.

정 선생 그래. 그게 문제야. 우리는 오래도록 한 줄 세우기 교육을 해온 거야. 그러다 보니 우리와 '다른 것'을 '틀린 것'으로 생각하는 습성이 생겼지. 가만히 들어보면 다른 것을 틀리다고 표현하는 것이 얼마나 몸에 배어 있니? 예를 들어, "저 애의 성격은 나와 달라."라고 표현할 것을 자신도 모르게 "저 애의 성격은 나와 틀려."라고 무의식적으로 나오잖아. 그만큼 우리 마음속에 다양성에 대한 존중보다 동질성의 강요가 자리를 잡고 있는 거야. 우리 사회가 깊이 생각해 볼 대목이지. 자아실현의 문화보다 비교와 대조 문화에 익숙하다는 것……

서설 그렇긴 한데요. 서로 동일해지려는 것은 편리하기 때문이기도 하지 않나요?

😊 정 선생 　그렇지. 사회가 동일하면 그만큼 통제하거나 어떤 사회적 합의를 이끌어낼 때는 도움이 되겠지. 그렇지만 사회가 발전하기 위해서도 다양성은 존중되어야 해. 농사짓는 것에 비유하자면 "단일 작물 경작은 자연 생태계의 다양성을 없애고 단순화시킨다. 대규모의 단일경작 농장은 그 특성상 복합작물을 경작하는 농장보다 병충해에 더욱 취약하다."[주1]고 한다. 결국 자연도 다양성을 그 본질로 한다는 말이야. 그만큼 다양한 가치와 다양한 문화가 존중되는 것이 사회의 건강성을 위해서도 좋은 것이지. 좋은 사회는 이런 다양성 있는 사회들이지.

2. 다양성과 민주적 소통이 중요한 이유

😎 해밀 　그런데요. 미국, 프랑스, 독일 등이 세계대전에 얼크러져 싸운 이유는 뭐예요? 약한 나라를 식민지로 만들기도 했잖아요.

😊 정 선생 　날카로운 질문이다. 그러한 나라들을 진정 다양성 있는 사회라고 말할 수는 없어. 때에 따라서는 자신들의 국가적인 번영과 물질적인 풍요를 위해 다른 나라를 희생시키는 제국주의 국가가 되기도 했어. 제국주의 국가들은 그 사회 내부의 다양하고 평화적인 국민 의사를 무시함으로써 인간의 가장 야만적인 행위인 전쟁을 일으켰어. 내가 말한 것은 한 국가를 내부적으로 들여다봤을 때 다양성이 존중되어야 그 사회의 평화가 정착될 수 있다는 뜻이란다. 그게 바로 세계 평화로 이어지고 말이야.

이런 논리를 연장해서 세계에 적용하면 다른 나라와의 관계에서도 다양성을 존중해야 세계 평화를 정착시킬 수 있다는 말이거든. 다른 나라를 침략해서 자신의 지배 아래에 두려는 나라들은 적당한 명분을 내세우지. 2차 대전 때까지 그들이 내세운 논리는 자신은 우월하고 다른 민족은 문명이나 종교가 미개하여 그들을 계몽해야 한다는 것이었어. 2차 대전 이후에는 이념 대립 때문에 전쟁이 일어나거나 상대국이 세계 평화를 위협한다는 명분을 내세우면서 전쟁을 일으켰지.

대표적인 나라로 미국을 들 수 있는데 그들이 세계 각국의 정상에 설 수 있도록 해준 것은 전쟁이었어. 세계 정상에 있기 때문에 두 가지 문제점이 있단다. 하나는 다시는 추락하지 않는 것이고, 다른 하나는 너무 많은 것을 다른 나라에 허용하지 않는 것이야.[주2] 2차 이라크 전쟁을 보더라도 당시 미국 대통령 조지 W. 부시가 내세운 명분은 이라크에 대량살상무기가 있다는 것이었는데 유엔 조사단이 아무리 뒤져도 대량살상무기는 나오지 않았지. 세계인들은 미국이 이라크의 석유를 탐냈다는 점을 알게 되었어.

서설 평화롭게 살기 위해서는 다양성 존중 말고도 또 다른 요건이 필요하네요.

정 선생 물론이지. 사회 내부적으로 다양성을 존중하는 것은 기본 중에 기본이고, 더 나아가서 그 기초 위에 민주적인 소통이 잘 이루어져야지. 그래야 의사결정 과정에서 선량하고 도덕적인 사람들의 목소리가 대중을 움직일 수 있거든. 자본주의 사회는 기본적으로 이기적인 탐욕을 전제하지 않고는 성립할 수 없어.

자본주의의 고전으로 불리는 아담 스미스의 『국부론』에 우리가 빵을 먹을 수 있는 것은 제빵업자의 자비심이 아니라 이윤을 추구하는 이기심이라고 나와 있지? 모두 이익을 추구하면서 이 자본주의가 아주 급속하게 발전하고 우리를 물질적으로 풍요롭게 하고 있는 점은 인정할 수 있지.

하지만 자본가들의 탐욕은 공정한 사회로 가기 위해서 어느 정도 억제될 필요가 있어. 아담 스미스도 자본가들의 탐욕을 억제해야 한다고 『국부론』에 썼지.

아니나 다를까. 자본가들이 무한한 이윤을 추구하기 위해 민족주의와 결합하여 대외적으로 팽창한 것이 제국주의였어. 그 결과가 어떤 것이었을까? 바로 세계대전이잖니.

제국주의가 식민지를 더 많이 차지하기 위해 또 자기 민족의 배타적 이익을 위해 세계에 재앙을 안겨준 거야. 세계대전의 배후에는 무한 이윤을 추구하는 자본가들과 국가 발전이라는 명분을 내세워 그들을 적극 옹호한 부도덕한 국가권력이 있지. 그들의 탐욕을 축복해준 세속화된 종교 세력도 있고 말이야.

이런 역사를 되새기면서 얻는 교훈은 명백해. 도덕적이고 의로운 사람들의 목소리가 여론을 주도하도록 해야 평화를 가져올 수 있어. 그런 점에서 시민들의 참여와 권리를 위해 애쓰는 사람들이 존중받고 그들에 의해 부정한 권력이 감시받을 때 참다운 평화의 기초가 마련되었다고 할 수가 있단다. 이것을 세계라는 관점으로 바라보면 세계적으로 시민단체가 연대하고 국제적인 인권단체나 노동기구가 왕성하게 활동하고 서로 도와가면서 세계적인 네트워크를 만들어가는 것이 중요해.

3. 평화도 국제적 연대가 필요하다

해밀   선생님, 저도 국제기구에서 일해보고 싶은데, 국제적인 연대나 네트워크가 그렇게 중요해요?

정 선생   좋은 꿈을 가졌구나. 지금은 국제적인 연대가 중요한 시기란다. 많은 대학들이 글로벌 인재 양성을 내세우잖아. 이제는 세계가 하나로 연결되어 국제적인 감각이 없으면 문제를 제대로 풀 수 없는 경우가 많아. 국제적인 인재가 아니면 대단하다고 인정하지도 않고 말이야. 왜 김연아와 싸이에게 우리 국민이 그렇게 열광할까? 국제적인 인물이 되었기 때문이 아닐까.

자, 그럼 본론으로 들어가서 왜 국제적인 연대가 세계의 평화를 위해서 중요할까? 얼마 전에 들었던 라디오 방송 내용을 인용하여 말해볼게.[주3]

다니엘 바렌보임이라는 유대인이 '서동시집 오케스트라'를 창단했어. 그 오케스트라는 이스라엘, 팔레스타인, 요르단, 이집트, 레바논, 시리아 사람들로 구성되었지. 그랬더니 서로 소통하는 데 사흘에서 닷새가 걸렸대. 이들은 공동으로 음악을 만들고 소통하고 자신의 역사에 대한 자의식을 갖는 것을 전제조건으로 삼고 있었어.

그 오케스트라가 이스라엘 극렬 민족주의자들의 반대를 무릅쓰고 2005년 팔레스타인 수도 아말라에 들어가 성공적으로 연주회를 마쳤다고 해. 이러한 얘기가 「다니엘 바렌보임과 서동시집 오케스트라」라는 제목으로 다큐멘터리로 제작되기도 했어.

이 방송에서는 "변화는 사소하고 솔직한 곳에서 온다."고 독일인의 의미 있는 해설을 곁들였어.

유엔에서 팔레스타인을 국가로 인정하는 법안에 독일은 반대할 생각이었는데, 세계적 지휘자인 바렌보임이 독일의 메르켈 총리에게 반대하지 말라고 얘기하자, 총리는 기권했지. 그래서 그 법안은 유엔 총회에서 통과되었고 말이야.

어때? 국제적인 연대로 서로 하나가 되어본 경험이 없었으면 유대인이 적대적인 팔레스타인을 국가로 인정하라는 생각을 갖지 못했겠지.

🙍 **서설** '서동시집'이라는 이름이 참 멋진데, 무슨 뜻이에요?

🧑 **정 선생** 괴테가 페르시아와 같은 동방의 시집에서 영감을 받아 지은 제목이란다. 이런 시가 있다는데, 들어볼래?

자신을 알고 타인을 아는 사람은 깨달으리라. / 서양과 동양이 더 이상 갈라질 수 없음을 / 우리가 할 일은 서양을 균형 잡힌 시선으로 바라보아야 한다 / 따라서 동과 서는 교류하여야 한다.

🧑 **해밀** 멋있는 시네요. 결국 세상이 평화롭기 위해서는 서로를 존중하라는 말씀 아니에요?

🧑 **정 선생** 그렇지. 덧붙여 말하면 다양성을 존중하고 민주적인 소통을 중시하라는 것이야. 또 탐욕을 경계하고 국제적으로 연대하라

는 말이지. 난 법정 스님의 "제비꽃은 제비꽃처럼 피어야 한다."는 말씀에서 평화를 느껴. 자기답게 사는 것이 평화이고 있어야 할 곳에 있는 것이 평화라고 느끼니까 말이야.

자연의 원리도 평화를 향해 움직이는 것이 대세라고 생각해. 물이 왜 낮은 곳으로 떨어지려고 하느냐? 물리학자들은 중력에 의한 위치 에너지가 높은 것이 그 에너지가 작은 쪽으로 내려오려고 한다더구나. 평형을 이루어 평화를 얻고자 하는 것이지. 즉, 평화는 자연의 원리인 셈이야.

3장 국제평화지대는 왜 필요한가?

1971년 군사정전위원회 제315차 본회의에서 유엔사 측 수석대표 로저스 소장이 다음과 같이 제안했단다.

"유엔사령부는 북측에 비무장지대의 비무장을 위해 쌍방의 병력을 철수시키고 요새를 파괴한 후에 군대는 들어가지 말고 남측의 대성동이나 북측의 기정동 마을같이 민간인만 들어가서 살며 평화적 목적으로만 비무장지대를 이용하자."[주1]

노태우 대통령도 1988년 10월 유엔 총회 연설에서 "비무장지대 내에 '평화시'를 건설하여 이산가족 상봉면회소, 민족문화관, 학술교류센터, 상품 교역장 등을 설치하여 평화적으로 이용하자"고 제안하고 이를 1989년 9월 정기 국회 연설에서 반복하면서 "'평화시'에 남북연합기구와 시설들도 설치하여 '통일평화시'로 발전시키자"고 제의하였다.[주2]

그뿐만이 아니라 CNN 회장으로서 미국의 미디어 재벌로 일컬어지는 테드 터너는 우리 비무장지대에 많은 관심을 갖고 색다른 제안을 했어. 그래서 흥미로운 제안이라는 평을 듣기도 했지. 미국 일간지[주3]에 실린 내용을 옮겨보면 다음과 같다.

한국전쟁 중에 죽은 수천의 젊은이들을 기리기 위해서 남한과 북한을 분리하고 있는 비무장지대DMZ를 평화 공원과 유엔 보호 세계 유산 지역으로 바꾸기를 원한다. 터너는 이번(2005년) 여름에 남북한 두 나라를 방문하는 동안에 평화 공원peace park에 대한 생각을 처음으로 제기하였으며, 그 첫 번째 단계로서 평화 협정peace treaty에 사인할 것을 촉구했다. 북한과 남한은 1950-1953년 한국전쟁이 평화 협정이 아닌 정전 협정으로 끝이 난 이래로 엄밀히 말해서 여전히 전쟁 중인 채로 남아 있다.

하지만 CNN 설립자 테드 터너는 목요일 밤 저녁식사에서 이보다 더 나아가 DMZ를 세계 유산 지역으로도 선포해야 한다고 말했다. 이렇게 함으로써 DMZ에만 살고 있는 수십 종의 생물들이 역사와 함께 보호될 수 있다고 확신한다. DMZ는 옐로스톤 공원의 약 4분의 1 크기이며 동해에서 서해로 걸쳐 있으면서 강, 계곡, 산 등을 가로지르고 있다.

그가 말하길 "DMZ는 세계 유산 지역과 세계 평화 공원으로 지정될 필요가 있다. 그 이유는 지난 50년간 우리는 그곳을 개발로부터 보호해왔으며 그곳에 아무도 들어간 적이 없고 새와 동물들, 나무, 숲, 꽃들이 번성하고 있다."고 덧붙였다.

터너는 어떤 디너 정찬에서 UNESCO에 의해 지정된 명소들인 세계 유산 지역들에 "지속 가능한 관광"을 촉진하는 새로운 시도를 축하하는 연설을 했다. 그 시도는 터너가 회장을 맡고 있는 UN재단과 엑스페디아Expedia회사에 의해 추진되고 있다.

유엔 재단은 1998년에 터너가 UN 목표를 후원하기로 약속했던 10억 달러를 분배하기 위해서 창설되었다. DMZ는 그 지역에서 싸우느라 수천 명의 젊은이들을 잃었던 나라들인 남한, 북한, 미국, 중국 모두에게 있어 기념지가 되어야 한다고 터너가 말했다.

그는 이 DMZ 캠페인은 '국제 학 재단'의 회장에 의해서 요청을 받아 착수하기 시작했다고 말했다. 매년 겨울, 두 개의 다른 종으로부터 약 4,000마리의 학들이 DMZ에서 겨울을 난다.

무니르 부슈나키 UNESCO 문화담당사무차장보는 터너의 제안을 매우 "흥미롭다"고 말하면서 "탐사(조사)되어야 할 것이다."라고 말했다. 그는 터너의 제안이 DMZ를 평화지역으로 보호해줄 것이라고 말했다.

1. 평화지대가 어려운 이유

🙍 **서설** 선생님이 모 일간지[주4]와의 인터뷰에서 국제평화지대에 대한 구상을 이야기하셨다면서요. 그게 어떤 것인가요?

🧑 **정 선생** 그래. 그것 때문에 이렇게 너희와 만나서 얘기할 수 있는 소중한 기회를 얻었단다. 이 국제 평화지대에 대해 세계적인 뉴스 채널이자 미디어 그룹인 CNN 회장도 말하고 있다는 점이 상당히 흥미롭지.

🧑 **해밀** 뭔가 좀 색다르다는 느낌이 들어요. 상당히 많은 돈을 투자하여 세계평화공원을 만들겠다는데, 왜 실현되지 않는 거죠? 당장 남북이 노력하면 서로에게 이익이 될 것 같아요. 관광지도 되고 우리나라 평화에도 도움이 되고요

🧑 **정 선생** 그런데 그게 막상 쉽지 않은 문제란다. 비무장지대에서 음악회 하나 하는데도 서로 신경을 곤두세우는 판국이니까. 그리고 북한은 "같은 겨레의 가슴에 총을 겨누고 있는 것도 서러운데 거기다 무슨 꽃밭을 만들자는 거냐." 하면서 거부 의사를 분명히 했어. 하지만 북한이 비무장지대를 평화적으로 이용하는 방안 자체를 반대하지는 않는 것으로 보여.

남한 정부가 1989년 한민족 공동체 통일 방안을 제의하면서 "남북 연합 단계에서 비무장지대의 일정 지역을 평화구역으로 설정하고 이를 점차 통일 평화시로 발전시킬 것을 제의하였어."[주5]

이에 대해 북한도 1990년에 '10개항의 군축안'을 발표하면서 '남

북한 신뢰 조성 방안의 하나로 비무장지대의 평화지대화'를 제의하였지.[주6]

북한이 명분 싸움에서 뒤지지 않기 위해서 '비무장지대의 평화지대화'에 동조했을 수도 있지만, 북한도 이익이 있으면 진지하게 검토할 만한 사항일 거야. 어차피 북한의 호응 없이는 큰 의미도 없고.

해밀 어떻게 해야 북한이 호응할까요?

정 선생 이제 해밀이도 북한이 호응하지 않으면 어차피 어떤 일도 안 된다는 것을 알아챘구나. 내가 보기에는 군사적 신뢰가 구축되어야 이곳을 평화지대로 만드는 데 동의할 거야. 왜냐하면 북한은 어떤 협정문이나 합의에도 군사적 신뢰 구축이라는 말을 넣어왔고 또 넣고 싶어 하거든. 그만큼 세계 최강의 미국과 남한의 군사력과 맞서는 데 대한 압박감을 심하게 갖고 있는 걸 거야. 달리 해석하면 자신이 쌓아놓은 견고한 체제를 흔들 만한 일은 하지 않겠다는 표현이기도 해. 그리고 남북 간에 또는 북미 간에 대립하고 있는 최전선인 비무장지대에서 어떤 변화를 일으키려 하는데 의심쩍게 바라보는 게 어쩌면 당연한지도 모르지.

우리가 평화를 얻고 통일을 지향하려면 이 비무장지대를 잘 관리하는 것이 제일 중요한 일이야. 왜냐하면 비무장지대는 역설적이게도 중무장지대가 되어 있고, 직접 총칼을 들이대고 있는 최전선이니까. 이곳을 잘 관리하지 않고 긴장이 높아지면 전쟁으로도 연결될 수 있는 위험한 곳이지.

그러나 역발상을 하면 그들과 직접 만날 수 있는 접촉과 교류의 장이 되기도 하지. 사람은 만나야 이해하고, 이해해야 마음을 여는 법이거든. 최대한 만남의 장을 펼쳐야 한단다. 그러기 위해서 비무장지대를 활용할 만한 가치가 있을 거야.

2. 국제평화지대는 이렇게 만들자

🙂 **해밀** 어떻게 활용해야 할까요? 당연히 평화에 이바지하는 방향으로 해야겠죠?

🙂 **정 선생** 그렇지. 국제적인 NGO(비정부단체)의 활동으로 국제 여론을 움직여야만 해. 지구상에 마지막 남은 분단국인 우리에게 평화를 보장하고 통일을 앞당길 비무장지대를 평화롭게 이용하는 데 지지와 성원을 보내달라는 운동을 벌여야 해. 국제 여론을 움직이면 가능성이 있어. 만일 북한이 호응하지 않으면 우리 측 일정 지역만 시범적으로 국제평화지대를 만들어 운영하면 되고, 북한이 동조할 만한 매력적인 유인책을 제공하면 될 거야.

🙂 **서설** 매력적인 유인책이란 어떤 것이죠?

🙂 **정 선생** 이곳은 원래 남북한 간에 충돌이 일어나지 않도록 비워놓은 곳이야. 달리 말해 팽팽한 군사적 긴장을 누그러뜨리려는 곳이고, 평화를 위해 숨고르기를 하라는 곳이지. 이 취지에 맞게 활용해야지.

그러기 위해서는 첫째, 국제적인 평화·인권 단체가 중심이 되어 이

곳에서 평화운동을 해야 해. 남북 간에 과도한 군사훈련과 무기 개발이나 구입 등에 반대하는 평화운동은 필수적이라고 생각해.

그 평화운동이 단순한 집회나 시위에서 벗어나는 창의적인 것이거나 국제화된 것이면 더욱 효과적이겠지. 예를 들면 방송에 나오는 '개그 콘서트'처럼 '통일 콘서트'를 하는 방법이 있어. 그리고 국제적인 평화예술가들이 모여서 국제평화 예술촌을 만드는 것도 좋은 방법일 거야. 더 나아가서 일반 시민과 남북 학생들이 모여서 '통일정책 경연대회'를 하는 것도 좋은 방안이 될 수 있어.

두 번째로는 대북 인도적 지원 사업을 하는 장소로 활용해야지. 인도적 지원 사업을 하는 대표적인 단체에는 북한 식량난 해소, 의료지원 활동을 포함하여 다양한 활동을 하는 '우리민족서로돕기 운동'과 '월드비전' 그리고 북한에 결핵 약품 등 의약품을 지원해주는 '유진벨 재단' 등이 있어.

그런데 이들이 직접 들어가지 못하고 외국을 통해서 들어가거나 돌아서 감으로써 경비와 시간, 노고를 많이 들여서야 되겠니? 이들이 이곳 국제평화지대에 물류기지를 만들어 인도적 지원 물품을 수집하고 보관하여 직접 전달하러 가는 준비기지로 활용하면 좋을 거야. 그러면 인도적 지원에 관심 있는 사람들도 이곳에 와서 봉사도 하고, 북한의 상황에 대해 설명도 들으면서 지원 의사를 밝힐 수 있는 곳으로 활용될 수가 있지.

셋째는 위와 같은 활동과 조직으로 인해 이곳이 평화 세상을 꿈꾸고 통일 세상을 꿈꾸는 명소가 되기를 바라는 것이지. 우리 민족을 상징하는 것이 철책선, 험한 막말이나 핵실험만이 아니란 것을 보여

줘야 하지 않겠니?

이곳에 분단 박물관을 만들어 분단 시대의 유물도 보관하고 통일 자료관을 만들어 통일을 위한 각종 도서나 영상 자료도 준비하여 통일을 공부하는 명소가 되게 해야지. 그리고 평화를 위한 인류의 노력을 담은 평화 기념관도 만들어 세계인들에게 평화에 대한 각종 자료를 제공하고 아카데미가 열리는 곳이었으면 해.

일회성 행사를 하는 데 만족하지 않고 국내외적인 주목을 받는 각종 이벤트를 지속적으로 해야 할 거야. 그러려면 조직과 체계를 갖추어야지. 국내에서만이 아니라 세계적인 명소가 되도록 해야 평화와 통일에 기여할 수가 있지. 사람도 국제적인 명성을 쌓지 않으면 크게 흥미를 늘지 못하는 것처럼, 지역의 명성도 세계적인 명소가 되지 않고는 크게 성공할 수 없는 게 아닌가 싶어.

평화를 위해 콘서트를 하고, 통일을 위해 정책경연대회를 하는 모습들을 한번 상상해보렴. 인류의 영원한 소망인 평화에 대한 예술작품의 보물창고, 국제평화지대. 자유로운 영혼을 지닌 예술가들이 있는 국제평화지대를 한번 상상해봐. 정말 우리 민족의 가치와 이미지가 올라가지 않겠니.

그렇게 됨으로써 우리 민족 스스로도 품격 있는 삶을 즐기려는 마음자세가 생겨나지 않을까. 사람은 기대하는 만큼 그에 맞춰 행동하려는 경향이 있는 법이니까.

🙎 서설   그런데 이게 가능하려면 어떻게 해야 하죠? 어려움도 많을 것 같은데요.

정 선생　제일 중요한 것은 이 비무장지대를 관리하는 유엔 사령부가 동의해야 하는 점이야. 유엔사는 실제로는 미군사령부니까 이런 현실을 똑바로 보고 문제를 풀어가야지. 다행히 박근혜 대통령이 미국 의회에서 이와 비슷한 제안을 담아 연설했더구나. 정부의 의지는 확인된 셈인데, 이제 북한이 이에 대해 진성성 있는 검토를 해야 의미 있는 진전을 이룰 수 있겠지.

어쨌든 우리가 더욱 실질적인 성과를 내기 위해서는 국제적인 여론을 일으킬 수밖에 없어. 그러기 위해서는 우리 민족의 '신명'을 유산으로 이어받은 한류 스타들과 뛰어난 문화예술계 인물들이 세계의 이목을 끌어야 한다고 생각해. 한류 스타들이 모여 국제평화지대를 만들자는 주제의 노래나 콘서트를 여는 방법은 어떨까.

또 영화감독이 우리가 분단을 극복해야 할 이유를 가슴 진하게 느끼게 하는 영화를 만들고, 이를 통해 국제평화지대의 필요성을 홍보하는 예술성 있는 영화를 만들 수도 있지. 하지만 이런 방법이 대중문화적인 영역에서 관심을 끌고 문제를 부각시키는 것으로 다 해결된다고 할 수는 없을 거야.

결국 정치가들이 이런 노력을 하도록 국민이 여론을 일으켜야 해. 그리고 이것은 국제적인 사안이므로 우리가 배출한 유엔 사무총장에게도 도움을 요청해야지. 반기문 유엔 사무총장도 우리 분단 현실과 긴장이 높아지는 것을 안타까워하면서 한반도 평화와 통일을 위해 노력하겠다고 여러 번 얘기를 했잖니.

3. 꿈꾸는 것만으로도 벅찬 국제평화지대

해밀 문제는 북한이 호응해야 하는 것 아닌가요?

정 선생 물론 그렇긴 한데……. 지금 단계에서는 비무장지대의 모든 지역을 국제평화지대로 만들자는 계획은 아니야. 한 지역에서 국제평화지대를 만들어 확산시켜가야 하지. 그래서 북한이 호응하면 원형의 국제평화지대가 되지만 그렇지 않아도 가능하긴 해. 반달 모양의 국제평화지대를 남쪽에서 먼저 시작해서 운영하고 나름대로 활동하고 있으면 되지. 우리 쪽만 활동하고 있어도 평화를 위한 소중한 노력을 하고 있다면 의미가 깊은 곳이 될 수 있어.

그러다가 북한 체제를 위협하는 것이 아니라는 것을 알면 북한이 호응해 올 것이고 이렇게 되면 국제평화지대는 온전하게 운영될 수 있지. 금강산 관광이나 개성공단같이 남북 간에 정치적 문제로 인해 닫을 수밖에 없는 단점을 극복할 수 있는 최상의 방법이지.

서설 결국 여론을 일으키는 것이 중요하고 국내 여론만이 아니라 국제적 여론도 일으켜야겠네요. 그러려면 일이 많이 커지는 게 아닌가요?

정 선생 물론 그렇지. 그러니까 이걸 이끌어나갈 조직된 힘이 필요해. 그리고 이 조직에는 각계의 전문적인 지식과 정보를 가진 사람들과 국제적인 감각을 지닌 사람들이 함께 참여해야지. 그래야만 목적을 달성할 수 있어. 하지만 무엇보다 중요한 것은 평화통일에 대한 확고한 신념과 열정을 갖고 있어서 어떤 어려움도 참고 나갈 수 있어야지.

해밀　그런데 왜 국제평화지대인가요? 한민족 평화지대라고 하면
안 되나요?

정 선생　훌륭한 질문이야. 하마터면 설명을 안 하고 갈 뻔했네.
왜 국제평화지대여야 하느냐? 우리 한반도의 긴장과 전쟁 위협은 이
미 동북아를 넘어 세계의 평화를 위협하고 있어. 그래서 한반도의 평
화는 우리 민족 내부의 문제만이 아니라 국제적인 문제가 되었지. 미
국을 포함하여 중국, 일본이 자신들의 국가 이익이 걸려 있다고 생각
하고 직접 개입하고 있고, 세계가 관심을 갖는 사항이 된 지 이미 오
래되었어. 그래서 문제를 국제적인 관계와 관심 속에서 풀어나가야
한단다. 그래서 국제평화지대가 되어야 하는 것이고.

　하지만 어디까지나 전쟁이 나도 우리 민족이 피해를 입고 평화롭게
번영을 해도 우리 민족에게 혜택이 돌아가니까 우리가 직접 나서야
하는 거야. 다만 국제적인 보장하에 이 지대가 만들어져야 하는 이유
는 남북의 정치 상황에서 발생할 수 있는 영향을 최소화하여 항구적
인 평화의 기틀이 되게 하자는 생각 때문이야.

해밀　그렇다면 선생님은 정부가 주도하는 것이 아니라 국민이 주
도하되 국제적인 보장하에서 모든 활동이 이루어지는 국제평화지대
를 꿈꾸시는 셈이네요.

정 선생　정말 영특하다. 해밀아. 쉽게 정리하여 이해할 줄 아는구
나. 난 인류학자인 마가렛 미드의 "사려 깊고 헌신적인 시민들로 구성

된 작은 그룹이 세상을 바꿀 수 있음을 결코 의심하지 말라."^{주7}는 말에 공감하고 있어. 내가 지금까지 살아오면서 가장 소중한 추억이 건전한 상식과 깊은 지혜를 갖춘 사람과 만나서 함께 얘기하고 함께 활동하던 순간이었단다. 이런 사람들과 함께하는 즐거움을 알게 되면 이른바 '중독성'이 있어서 조직원들이 잘 뭉치고 스스로 잘해나가더구나. 조직이 서로에게 도움이 되거나 긍지 있는 일을 할 때면 어떠한 어려움이 닥쳐도 그 조직은 이겨나갈 힘을 갖게 되는 법이거든.

해밀 저도 대학에 진학하면 공부해서 '통일정책경연대회'에 나가고 싶어요.

정 선생 그래. 물론 공부를 열심히 해서 이론적인 틀도 어느 정도 갖추어야지. 거기에 더해서 대북 인도적 지원 사업을 하는 곳에 가서 봉사활동을 하면서 좋은 일을 하는 사람들과 '관계 맺기'를 하는 것도 좋은 방법이 될 거야. 이런 말 들어봤을까? '금맥보다 소중한 것이 인맥'이라고. 이론적 토대가 있어야 하시만 늘 역동적으로 변화하는 남북관계의 현장에서 일하는 사람들이 지금 역사의 산 증인들이거든. 그들이 전하는 얘기는 남북관계를 이해하는 데 정말 소중하단다.

서설 정말 엄청나게 큰일처럼 느껴지는데 권력과 돈도 없는 국민들이 해낼 수 있을까요?

정 선생 국민이 주권자인 민주공화국에서 우리가 살아가는 것을 잊지 말자. 그리고 프랑스 작가 빅토르 위고가 한 "이 세상의 모든 군

대들보다도 강한 것이 있다. 그것은 바로 때가 무르익은 사상이다."[주8]
라는 말도 새겨듣자.

지금 한민족에게 무르익은 사상은 적어도 전쟁만은 없어야 한다는
'평화사상'이라고 생각한다. 이러한 '평화'를 실현할 가장 확실한 방법
은 재외 동포를 포함한 우리 민족 모두가 나서서 한반도에 항구석인
평화를 정착시킬 현명한 방안을 찾아서 실행하는 것이야. 그것이 바
로 '국제평화지대'란다.

4장 한민족 공동체를 만들자

1. 왜 한민족 공동체인가?

서설 선생님, 우리 민족이 세계적으로 흩어져 있잖아요. 이분들도 분단되어 있기 때문에 불편한 점이 많을 거라는 생각이 들어요.

정 선생 그렇지. 한 가지 예를 들어볼게. 일본에서는 남한을 지지하는 민단과 북한을 지지하는 조총련계로 나뉘어 교포 사회가 분열되어 있지. 일본에서 교육에 뜻이 있는 한 사람이 학교를 세워 우리 동포라면 모두 받아들여 교육을 시켰다고 해. 그런데 재정적 어려움으로 한국 정부가 인수하면서 북한에 가까운 조총련계 교사들과 학생들이 해고를 당하거나 학교를 떠날 수밖에 없었다고 해. 그래서 가는 곳은 결국 일본 학교인데, 그곳에서 일본의 대륙 침략을 '대륙 진출'이라고 하거나, 독도를 '다케시마'라고 하면서 일본 영토라고 배우는 현상이 일어난단다.[주1] 이런 얘기 말고도 우리가 분단되었기 때문에 재외 동포 사회에 미치는 부정적인 영향은 많지.

185

🧑 해밀   중국이나 유대인들이 자기 나라의 경제 성장에 도움을 많이 주었다면서요.

🧑 정 선생   그렇지. 마오쩌둥 시절만 해도 조국을 등진 이들이라며 외면했지만 덩샤오핑은 이들 화교 상인(국외 거주 중국 상인)들을 경제 성장 원동력으로 삼았대. 장관급이 운영하는 화교 판공실을 설립하고, 투자를 끌어들이기 위해 무슨 인허가든 원스톱 서비스로 최대한 간편하게 처리해주었단다.

그중에 백미는 세계화상대회 설립이었다고 해. 다른 나라에 사는 중국 교포인 화교들이 모여 상품 거래도 하고 경제 교류도 하는 대회이지. 덩샤오핑은 이를 위해 당시 싱가포르 리콴유 총리와 손잡고 1989년 세계화상대회를 출범시켰어. 결과적으로 세계 130여 개국에 걸쳐 6,000만여 명이 활동 중인 화상은 3조 달러에 달하는 막대한 자금을 투자하여 중국 경제 부흥에 상당한 기여를 했어.

유대인들의 상호 협력도 아주 긴밀하지. 유대인처럼 전통적으로 네트워크가 강한 민족이 세계 경제를 좌지우지한다고 해. 월스트리트 등 미국 경제 심장부를 움직이는 막후 집단이 유대 네트워크라는 사실은 상식이야. 1936년에 결성된 세계유대인 의회는 인터넷 홈페이지를 통해 80여 개국에 흩어진 유대인의 정치적 이해를 관철시키기 위해 노력한단다.[주2]

🧑 해밀   와, 유대인 의회를 만들었다는 것이 대단해 보이네요. 우리나라도 재외 교포가 많잖아요. 우리도 그들과의 네트워크를 강화해야 하는 것 아닌가요?

🙂 정 선생 맞는 말이야. 미국 버클리 대학의 저명한 정보사회학자 마누엘 카스텔스는 "21세기는 네트워크가 지배하는 사회가 될 것"이라고 주장했어. "네트워크가 전 지구적 차원에서 빠르게 이루어져 정교한 네트워크를 가진 자가 경쟁력을 갖고 생존하게 될 것"이라고 했어.[주3]

우리는 일제 강점기에 생존을 위해서 간도나 만주, 연해주, 하와이 등 국외로 이주한 동포도 많지만 일제에 의해 강제로 끌려간 사람도 많았지. 불행한 역사의 흔적이지만 175개국에 나가 있는 동포 수가 무려 700만 명에 이른다고 하잖니. 그것도 중국인, 인도인 등등에 이어 세계 5위란다. 이제 그 동포들과 네트워크를 구축해서 서로 간에 도움을 주고받아야겠지.

2. 재외 동포의 힘으로 통일도 앞당길 수 있다

🙂 서설 재외 동포들이 우리 민족에게 도움을 줄 수 있을까요? 특히 폐쇄사회인 북한에 말이에요.

🙂 정 선생 물론 그렇지. 재외 동포들 중에 민족의식이 투철하여 북한을 돕고 싶어 하는 사람들도 상당히 있어. 뿐만 아니라 실제로 돕는 분들도 많지. 오래된 통계이긴 하지만 1992년 말까지 북한의 합영기업 총수 140개 중 90% 이상이 조총련계 교포에 의해 투자[주4]되었단다. 이것을 통해서도 재외 동포가 통일 비용을 줄이는 데 도움을 주리라는 것을 알 수 있지.

경제만이 아니라 인도적인 지원에서도 물론 많은 도움이 된단다. 재미 의료인들이 사랑의 운동 일환으로 평양에 제3병원 건설을 지원하고 있으며, 이 건설을 위해 많은 의료인들이 방북하고 의료기구와 약품을 보냄으로써 동족애를 통한 민족 화합에 크게 기여[주5]하고 있단다.

북한에는 재일동포 의사인 김만유의 후원으로 1980년대 초에 문을 연 김만유 병원이 있어. 현대식 건물에 최신 의료시설과 훌륭한 의료진을 갖춘 종합병원인데 심장질환 전문이란다. 김만유는 제주도 출신으로 일제 강점기에 항일운동을 하다가 옥고를 치르고 나서 일본으로 건너가 의사가 되었단다.[주6]

이 이야기를 책으로 쓴 오인동 박사는 세계적인 정형외과 의사인데 자신의 기술을 북한에 전해주고 인공무릎관절기 등을 북한에 기증하면서 열심히 통일운동을 하는 분이지.

이렇게 외국에 살면서도 남북을 가리지 않고 우리 민족을 돕는 재외 교포가 상당히 많아. 남북이 대립하고 싸우는 모습에 고개를 돌려버린 교포들도 많다는데 통일을 위해 우리가 하나 되어가는 모습을 보면 적지 않은 도움을 줄 수 있을 거야. 우리의 통일 노력을 도우면서도 그분들의 마음속에도 긍지가 생기겠지. 우리는 수많은 어려움을 뚫고 열심히 살면서 한민족의 명예를 빛낸 분들에게 통일로 조국에 대한 긍지를 갖게 해줘야 해. 분열과 추태를 보고 고개 돌려버리는 일이 더 이상 없도록 말이야.

해밀 재외 교포들이 발달된 기술을 전해주고 해외에서 우리 물건을 사주어서 도움을 줄 수도 있겠네요.

정 선생 바로 그거야. 유대인, 중국인, 인도인들이 다 그렇게 자기 민족을 돕고 있단다. 새뮤엘 헌팅턴이 『문명의 충돌』에서 말한 "민족이 이념을 이긴다."는 말이 가슴에 와 닿는단다.

3. 공동체 의식이 절실하다

서설 국내에서도 어려움을 돕는 분위기가 필요하죠?

정 선생 옳은 말이지. 우리 사회도 1960~70년대 고도성장 과정에서 그 성장의 과실을 많이 누린 사람들은 엄청난 경제적 부를 쌓게 되었지. 그들 중에 일부가 많은 기회를 누리고 군림하는 과정에서 관용이 없는 사회문화가 만들어졌다고 보면 될 거야. 다 같이 어렵고 힘들었을 때는 서로 나누고 위로하는 문화가 있었는데 말이야.

요즘 문제되고 있는 이른바 '갑(강자)의 횡포'도 이런 역사적 배경에 군대와 관료식의 명령과 지시 위주의 의식이 우리 사회에 팽배해서 빚어진 결과라고 보면 되지. 대학 연구실의 조교가 외국 출장 나간 교수의 집에 가서 개밥까지 주어야 하는 풍조는 아무래도 너무하지 않니. 또 직장 상급자가 하급자를 개인 비서처럼 사적인 일에 부려먹는다든지, 어떤 시내버스 회사에서 기사가 추석 때 사장 집 벌초까지 해주어야 하는 노동환경도 갑의 횡포에서 나왔다고 할 수 있어.

해밀 이런 일이 외국에는 전혀 없나요?

정 선생 모르겠어. 내가 외국 사정을 다 아는 것은 아니니까. 하지만 우리나라에 귀화한 러시아 학자인 박노자 교수는 "한국에서 대학 조교들에게 교수들이 개인적인 심부름을 시키는 것을 이해할 수 없다."고 말한 것을 보면 외국에서는 거의 없는 것이 분명해. 독일에서는 우리의 기간제 교사들을 파트타임part time 교사라고 부르며 정규직 교사와 비교해 임금이나 신분상의 차이가 전혀 없다고 해. 오후에 자녀 양육할 시간을 갖기 위해 자신이 선택하는 사항일 뿐이라고 하더구나.

해밀 이런 일이 우리에게만 나타난다면 그 이유가 뭘까요?

정 선생 독일 등의 사회복지가 잘된 나라는 비정규직 문제를 논의하여 해결할 때까지 계속하는 끈기와 집념이 있어. 우리는 흔히 '냄비 문화'라고 하듯이 뜨겁게 사회 문제화되다가 나중에 흐지부지되고 마는 경향이 있어. 또 다른 문제가 생기면 그리 우르르 몰려가고 말이야. 중요한 사회적 의제가 나오면 일부러 아주 사소하고 선정적인 뉴스로 물 타기를 해서 국민의 관심을 다른 데로 돌리는 정치가나 언론도 문제야.

🙍 서설   왜 그렇게 되는 거죠? 저도 이 부분에 관심이 많아서요.

🙂 정 선생   우리 사회 엘리트들의 능력이 부족해서라고 보는 의견이 맞아. 어떤 문제가 생기면 이를 추적하여 원인이 무엇인가 밝히는 통찰력이 필요해. 또 그 문제가 발생할 수밖에 없는 사회제도를 바꾸는 노력을 게을리하지 않는 자세도 중요하지. 해결될 때까지 지속적으로 추궁하는 언론의 노력도 필요하고 말이야. 이를 촉구하고 감시하는 국민들의 의식도 함께해야 하지. 예를 들어 어떤 사회적 비리를 고발하는 내부 고발자를 배신자로 몰지 말고 '공익 제보자'로서 대우하는 사회 분위기가 아쉽지.

그런데 이것이 우리가 얘기하려는 '한민족 공동체를 만들자'라는 거창한 주제와 무슨 상관인지 알겠어?

4. 공동체 의식이 통일과 무슨 상관일까?

🙂 해밀   그러게요. 아, 공동체를 만들려면 사회가 정의로워야 한다는 말씀이시죠?

🙂 정 선생   바로 그거야. 권력과 부가 소수에게 집중되고 다수가 공

정하지 않은 사회라고 생각하면 공동체 의식이 생겨날 수가 없어. 공동체 의식은커녕 사회를 원망하며 사람들 마음이 각박해질 거야. 고전에 "백성들은 가난보다 불공평을 더 못 참는다."는 말이 있어. 그래서 경제 민주화가 18대 대통령 선거에서 모든 후보들의 공약에 포함되었지. 그만큼 사회적으로 큰 문제가 되었다는 증거야.

서설　그런데요. 지금 한민족 공동체를 말하는 것도 통일을 염두에 두고 하신 말씀이잖아요. 우리 사회 내부의 공동체 의식이 좋아지는 것과 통일이 관련이 있나요?

정 선생　물론 있지. 어차피 국력의 차이 등으로 봤을 때 통일은 남한 주도로 이루어질 가능성이 많아. 우리가 이끌어 가야 한다는 말이지. 그런데 남한 사회가 공동체 의식이 없고 북한과 통일하는 것을 귀찮아하거나 손해 본다고 생각하면 통일을 하는 데 장애가 돼. 준비 없는 통일은 큰 혼란으로 이어질 수 있어. 지속적으로 통일을 추진하고 위기를 관리해가는 정성과 통일의식이 중요하단다.

그런데 민족의식에 바탕을 둔 공동체 의식이 없으면 통일을 추진하는 동력이 떨어져버려. 그러면 통일 과정에 나타날 수많은 힘든 과정을 이겨낼 수가 없어. 그래서 나는 "남한이 변해야 통일이 된다."는 말에 전적으로 공감하고 있어.

독일은 많은 준비를 했는데도 어려움을 겪었어. 하지만 후회하지 않는다고 해. 분단은 부자연스러운 일이라면서…… 그런 독일 사람들은 우리에게 통일을 치밀하게 준비하고, 더 좋은 체제와 사회를 만들 수 있는 기회로 삼으라고 충고한단다. 단순히 어느 한쪽의 체제에 다른 쪽 체제를 합쳐놓은 것보다는 통일을 더 좋은 체제를 만들 기회로 삼으라는 뜻이지.

이런 충고를 귀담아듣고 우리 사회를 바라보면, 통일을 준비하면서 우리 사회의 치부를 고칠 수 있는 기회로 삼을 수 있겠다는 생각이 들어. 민주적 합의 과정을 통해서 의견을 수렴하여 원칙을 마련하고, 그 원칙이 잘 지켜지는 그런 건강한 사회가 되길 바란다. 이렇게 시스템이 잘 갖추어지고, 사회적 약자를 배려하는 사회를 기대해. 의사소통과 사회복지가 잘된 인간의 얼굴을 한 사회가 되었으면 하는 거야.

더불어 다양한 전문가들이 남북한 사회가 통합되었을 때 나타날 수 있는 문제를 예견하려 노력해야 해. 그리고 이 문제점을 더 높은 차원에서 바라보고 해결 방법을 찾아야지. 가능하다면 구체적인 실행 계획까지 만들어놓아야 해. 치밀하게 준비해놓을수록 혼란이 줄어들고 적은 비용이 들 거야. 통일은 오케스트라처럼 다양한 악기를 조화시켜 심금을 울리는 감동이어야 하니까, 이 거대한 오케스트라를 잘 준비해야 하는 것은 기본이란다. 무엇보다 연주에 참여하여 아름다운 화음을 이루려는 국민의 '한민족 공동체 의식'이 필요하겠지.

인용한 책과 매체, 증언

1장 평화는 왜 어려운가?
주1 다다 마헤시와라난다,『건강한 경제모델 프라우트가 온다』, 물병자리, 2008, 266쪽.
주2 요한 갈퉁,『평화적 수단에 의한 평화』, 들녘, 2000, 146쪽.
주3 프래드리크 스텐턴,『위대한 협상』, 말글빛냄, 2013, 196쪽.

2장 평화롭게 사는 길
주1 다다 마헤시와라난다, 위의 책, 141쪽.
주2 요한 갈퉁, 위의 책, 127쪽.
주3 KBS 라디오, 글로벌 기획〈소통 파워〉1부, 2013년 4월 11일 방송.
주4 주강현,『농민의 역사 두레』, 58~60쪽에서 재인용.

3장 국제평화지대는 왜 필요한가?
주1 고경빈,「DMZ 평화지대화와 남북관계」,『북한학 연구』3권 2호, 2007, 25쪽.
주2 고경빈, 같은 책, 26쪽.
주3 http://usatoday30.usatoday.com/news/world/2005-11-18-turnerdmz_x.htm#
주4 〈국제평화지대를 만들자〉,『한겨레』2012년 9월 11일자.
주5 통일원,『통일백서』, 1995, 451~452쪽.
주6 전성훈,『한반도 군비통제방안 연구: 유럽 군비통제조약의 시사점과 관련하여』, 1993, 125~126쪽.
주7 다다 마헤시와라난다, 위의 책, 264쪽.
주8 다다 마헤시와라난다, 위의 책, 264쪽.

4장 한민족 공동체를 만들자
주1 이수경,〈또 다른 민족분단으로 얽힌 재일동포사회〉,『OK Times』2013년 2월호.
주2 손연기,〈금융위기에 빛나는 화상〉,『OK Times』2009년 2월호.
주3 양창영,〈한민족 네트워크를 구축하자〉,『OK Times』2008년 4월호.
주4 '97 일본 오사카 조국통일에 관한 국제학술토론회자료,「조국통일과 해외 동포의 역할」, 85쪽.
주5 앞의 '국제학술토론회자료', 93쪽.
주6 오인동,『평양에 두고 온 수술가방』, 창비, 2010, 66쪽.

5부
통일은 어떻게 해야 하나?

1장 자주적 통일을 위하여

1. 통일의 길을 가까운 역사에서 찾자

해밀 통일은 어떻게 해야 할까요?

정 선생 중요한 질문을 해주었구나. 이제 우리 역사에서 누구보다 자주의식이 강했던 단재 신채호 선생님이 쓰신 '조선혁명선언'을 요즘 언어감각으로 풀이해서 얘기를 시작해볼게.

조선 오백 년 동안 글만 존중하여 허약한 나라가 외교로써 나라를 지키는 정책으로 삼아 그 말기에 대단히 심하였다. 갑신정변 이래 개화당과 수구당의 흥하고 쇠퇴함이 거의 외국 도움이 있고 없음에서 결정되며, 위정자의 정책은 오직 갑국을 끌어당겨 을국을 제압함에 불과하였다. 그 믿고 의지하는 습성이 일반 정치사회에 전염되었다. 즉 청일전쟁과 러일전쟁에서 일본이 수십만의 생명과 수억만의 재산을 희생하여 청나라와 러시아를 물리치고 조선에 대하여 강도적 침략주의를 관철하려 하였다. 그런데

"조선을 사랑한다, 민족을 건지려 한다." 하는 이들은 한 자루의 칼, 한 방의 탄알을 어리석고 변변치 못하며 탐욕스런 관리나 나라의 원수에게 던지지 못하였다. 탄원서나 서양 열강 공사관에 던지며, 청원서나 일본 정부에 보내어 나라의 외롭고 약함을 슬프게 호소하였다. 국가의 존재와 망함, 민족 사활의 큰 문제를 외국인 심지어 적국 사람의 처분으로 결정하기만 기다렸었도다.

신채호 선생님이 보기에 남의 나라에 의지하려는 외교를 통한 독립 운동론은 허망한 것이었어. 조선이 외국에 의지하여 독립을 유지하려다가 망한 교훈을 잊어버렸느냐는 준엄한 꾸짖음이란다.

🧑 서설 선생님, 요즘은 모든 문제가 국제화된 세상이니까 우리 문제도 국제적인 감각으로 풀어야 한다고 하는데, 여기에는 동의하지

않으세요?

정 선생 물론 국제적으로 풀어야 할 문제들이 많아진 것은 사실이지. 하지만 통일 문제는 우리 민족의 운명에 대한 것인데, 우리가 책임지고 풀어나가지 않으면 안 돼. "하늘은 스스로 돕는 자를 돕는다."고 하잖아.

실제로 남북관계가 좋아진 때가 대체로 2000년 6·15 남북공동선언과 2007년 10·4 선언이 발표된 후란다. 그 시기의 공통점이 무엇일까? 우리 스스로가 통일 문제에 대해 주도권을 쥐고 풀어나갈 때였어. 어쨌든 외세에 의존해서 잘 풀린 적은 별로 없었어. 왜냐하면 주변국들은 우리 민족이 통일되어서 강한 나라가 되는 것을 원치 않으니까 말이야.

|흐름 잡기| 남북 합의 이해하기

1. 7·4 남북공동성명(1972년)
미국과 중국이 수교한 해가 1972년이다. 미국의 권유에 의해 남북한 사이에 비밀 접촉 끝에 7·4 남북공동성명을 발표하였다. 중요한 것은 이때 자주, 평화, 민족대단결의 3대 원칙에 입각하여 조국 통일을 추진하기로 합의한 것이다.

2. 남북기본합의서(1991년)
이 합의서는 남북관계를 규정한 문서로 유명하다. 즉, "통일을 지향하는 과정에서 잠정적으로 형성된 특수 관계"로 규정했다. 그리고 상대방의 국가적 실체는 인정하되 국가로는 승인하지 않기로 합의했다. 서독과 동독이 국내법으로는 국가로 인정하지만 국제법으로는 인정하지 않기로 한 것과 같은 것이다. 국제법으로 국가로 인정하면 분단을 고정시킬 것을 걱정한 것이다.

그런데 이때가 북한과 우호적인 소련과 동유럽이 줄줄이 사회주의에서 자본주의로 체제를 전환할 때였다. 북한은 자신들이 어려웠을 때에 맺은 합의서라서 그리 좋아하지 않는 문서라고 알려져 있다.

3. 6·15 남북공동선언(2000년)

이 선언은 당시 김대중 대통령이 햇볕정책으로 북한과의 교류·협력 정책을 펴나가는 과정에서 결실을 맺은 것이다. 해방 이후 최초로 남북 정상이 만나 합의하고 선언한 것이라는 의미도 있다. 여기에서도 7·4 남북공동성명과 같이 통일 문제를 자주적으로 해결하기로 했다.

이 문서에서 가장 핵심은 남측의 연합 제안과 북측의 낮은 단계의 연방 제안이 서로 공통점이 있다고 인정하고 이 방향에서 통일을 지향해나가기로 합의한 점이다. 쉽게 말해서 서로의 정부를 인정하고 교류·협력하다가 언젠가 통일하자는 것이다.

4. 10·4 선언(2007년)

이 선언은 남북관계에서 핵심 문제인데 뒷전에 있었던 군사 문제, 평화 체제 문제를 거론하여 허심탄회하게 논의되었다는 점에서 의의가 있다. 그리고 정전 협정에서 미처 합의하지 못해 심각한 충돌이 일어나고 있는 서해에서 평화를 이루는 문제에 합의하였다. 그것은 남북한이 이 지역을 '서해평화협력특별지대'로 선포하여 공동으로 평화적으로 이용하기로 합의한 점이다. 우리 국가 원수로서는 처음으로 군사분계선을 걸어서 통과한 것도 의미가 있었다.

2. 주도권은 우리가 쥐고 있어야……

해밀 좀 쉬워진 것 같은데, 아직도 어려워요. 좀 더 깊이 공부하겠습니다. 남북 합의에서 볼 수 있는 공통점은 무엇인가요?

정 선생 '자주'라는 말이야. 우리 민족이 주인공이 되어 통일을 하자는 것이지. 여기서 우리가 자주적 입장으로 미국을 설득한 사례를 하나 들려줄게. 노태우 대통령 시절에 북방외교를 통해 당시의 소련과 중국과 외교관계를 수립하여 유명한 김종휘 대통령 외교안보수석이 한 월간지와의 인터뷰에서 한 얘기야.

6공(노태우 정권) 후반에 베이커 미국 국무장관이 『포린 폴리시』에 자신의 이름을 밝히고 기고를 했다. 국무장관이 이렇게 기고하는 것은 매우 특이한 일이다. 여기서 그는 한반도 문제 해결을 위해 2(남·북한)+4(미국·중국·일본·소련) 구상을 내놓았다. 일본과 소련 등이 좋다고 했는데, 나는 반대했다. 독일은 2차 세계대전의 패전국이고, 베를린은 4대 강국이 점령하고 있으므로 통

일 과정에서 4대 강국이 개입할 수밖에 없었다. 하지만 한국의 경우 역사적으로 중국·러시아·일본이 한반도의 장래 문제에 대해 이래라 저래라 할 수 없는 입장이다. 미국도 보조 역할일 뿐이다. 한반도 문제는 우리가 주도적으로 처리해야 한다. '2+4 구상은 받아들일 수 없다.'는 뜻을 분명히 했다. 그래서 결과적으로 베이커 미 국무부장관이 '없던 일'로 했다.[주1]

이런 자세가 필요해. 자주적인 자세를 가진 사람이 민족의 이익을 지킬 수가 있고, 바른 길을 놓을 수가 있지. 그리고 역사에서 배운 교훈을 바탕으로 미래 세계에 대한 전망이 있어야 해. "좋은 미래는 분명한 기억을 필요로 한다."[주2]는 말처럼.

3. 역사의 교훈을 아는 지도자

🧑 **서설**　역사의 교훈을 알고 민족문제를 생각한 대통령이 있었는지 궁금해요.

🧑 **정 선생**　노태우 전 대통령은 한 일간지와의 인터뷰에서 "6공(노태우 정권) 때는 미국 일본 정부와 손잡고 북한이 미·일과 접촉하려면 한국을 통하지 않으면 안 되게 만들어놓았기 때문에 그 어느 때보다 남북 교류가 활발했다."며 "김영삼 정부에 들어가서 6공 때 확보한 대북 고삐(주도권)를 놓치는 바람에 북핵 문제에서 북한이 미국하고만 협상하고 한국은 소외되는 상황이 왔다."[주3]고 비판했어.

김영삼 대통령은 일본 요미우리 신문과의 인터뷰에서 "대북 정책에서 가장 중요한 것은 한·미·일 3국이 철두철미하게 협력하는 것인데 햇볕정책 때문에 협조가 잘 이루어지지 않고 있다."[주4]고 주장했어.

남북 대화의 고삐를 우리가 잡은 노태우 대통령 때는 그래도 남북 관계에서 남북기본합의서와 한반도 비핵화 선언 등의 성과를 거두었지. 하지만 한·미·일 3국의 협력이나 생각하면서 고삐를 놓친 김영삼 정부 때는 우리가 북미 협상에서 들러리가 될 뿐이었지.

우리가 남북관계를 주도할 때는 미국이나 일본 정부가 대사관을 통해 남북 간에 어떤 대화가 오고 갔는지 파악하는 데 촉각을 곤두세운다고 해. 그만큼 한반도 문제를 자신들의 국익과 밀접한 관련이 있다고 본 것이지.

네가 질문한 내용에 그래도 가장 합당한 지도자는 김대중 대통령이야. 그는 "냉전 체제가 해체되었어도 21세기에 강대국 중심의 질서를 다시 짤 것이다. 이런 시대를 대비하자."고 말했어.

자주성을 갖기 위한 낭찬 마음가짐와 이를 위해 국민 여론을 형성해나가는 언론과 교육 부분의 노력이 필요한 시기야. 강대국의 눈치나 보면서 진정한 힘을 기를 수는 없어.

2장 2장 평화 체제는 어떻게?

1. 평화 체제가 되면 어떻게 바뀌나?

🧑‍🦰 **서설**　뉴스에 자꾸 '평화 체제'라는 말이 나오는데 그게 무엇인 가요?

🧑 **정 선생**　그래. 그것을 모르고 한반도에서 우리 민족에 애정을 갖고 있다고 할 수는 없겠지. 평화 체제란 불안정한 정전 체제를 끝내고, 남북 간에 적대적 관계는 끝났다고 선언하고 전쟁 방지를 위한 각종 조치를 취하는 것을 통틀어 말하는 것이란다.

🧑‍🦱 **해밀**　그런데 정전 체제가 왜 불안정한 건가요?

🧑 **정 선생**　정전 체제란 전쟁을 잠시 정지시켰다는 뜻이야. 그만큼 언제 다시 전쟁에 돌입하게 될지 모르는 불안전한 체제이지.

🧑‍🦰 **서설**　그럼, 평화 체제가 되려면 어떻게 해야 하죠?

🧑 **정 선생**　평화 체제를 맺기 위해서는 종전 선언을 하고 평화 협정

을 맺는 순서로 진행된단다. 종전 선언은 한국전쟁이 공식적으로 끝났음을 정치적으로 확인하는 것이지.

🧑 해밀   그런데 왜 종전 선언을 하고 평화 협정을 맺는 것이 필요한가요?

🧑 정 선생   지금 정전 체제에서는 북한에 대한 우리의 권리를 주장하는 데 심각한 문제가 생길 수 있어. 하나의 역사적 예를 들어볼게.

38선 이북 지역은 한국전쟁 중에는 물론, 휴전 이후에도 유엔군 사령부가 통제했어. 그 근거는 1950년 7월 7일과 10월 12일의 유엔 결의였어. 7월 7일 결의로 유엔은 미국이 한국전쟁을 주도할 수 있게 했으며, 미국 통합사령부가 유엔군 사령부를 설치할 수 있게 한 거야. 10월 12일의 결의를 통해서는 대한민국 주권이 38선 이남으로 제한된다는 점과 통합사령부가 잠정적으로 북한 지역 통치를 맡는다는 점이 확인되었어.[주1]

이것은 통일을 하는 데 적지 않은 장애가 될 수 있어. 그러니까 종전 선언을 하고 정전 협정 체제를 바꾸기 위해서 평화 협정을 맺고 평화 체제를 만들어야지.

🧑 해밀   그럼 평화 협정과 평화 체제는 다른 건가요?

🧑 정 선생   물론이지. 평화 협정은 단순한 협정에 불과하지만, 평화 체제는 그보다 상위의 개념이야. 평화 체제란 평화 협정을 기초로 상대를 인정하고 군비 축소와 불가침조약을 맺고, 공동 안보와 평화를 이루기 위한 국가운영 체제의 틀을 만드는 것을 다 포함한단다.

그리고 평화 체제는 국제법적으로 한반도가 더 이상 전쟁 상태가 아니고 평화가 정착되었음을 인정받게 되는 거야. 그럼으로써 서로 적대적인 관계를 기초로 존재하는 남한의 국가보안법과 북한의 노동당 규약을 폐기할 테고, 또 휴전선도 이름이 부적절하므로 평화선으로 바뀔 거야. 군대가 맡던 경비 업무를 양국의 경찰이 맡을 수 있게 되고 말이야.

남북한 간에 경제 교류와 협력도 자유로워져서 남한 기업이 북한에 투자하고 북한에서 상품을 판매하는 것도 자유로워지지. 즉 공동 시장이 만들어진다고 보면 돼. 남북한 국민들은 자유롭게 여행할 수 있고, 남북한 간에 신문 방송도 시청할 수 있을 거야.

2. 평화 체제가 안 되는 이유

서설 그런데 왜 평화 체제가 안 되고 있었죠?

정 선생 그게 다 이유가 있단다. 정전 협정을 끝내고 종전 선언을 해야 할 관련 국가들이 여러 이해관계로 적극 나서지 않았기 때문이야. 하지만 2006년 베트남에서 열린 한미 정상회담에서 한반도의 비핵화가 이루어지면 평화 체제를 맺겠다고 한국과 미국이 합의했어. 그리고 호주 시드니에서 열린 APEC(아시아 태평양 경제 협력체) 회의에서 다시 확인하기도 했고. 이렇게 볼 때 북한의 핵무기를 해체하는 것과 평화 체제, 다자간 안보협정을 맺는 것이 동시적으로 이루어져야 풀릴 것 같아.

🙍 **서설** 그런데 왜 북한은 미국과 평화 체제를 맺으려고만 할까요?

🙂 **정 선생** 북한의 주장은 두 가지야. 정전 협정은 북한, 미국, 중국이 맺었지. 남한은 북진통일을 주장하면서 정전 협정에 참여하지 않았어. 그래서 북한은 정전 협정의 당사자가 아니므로 남한과 평화 협정을 맺을 상대가 아니라고 하고 있어.

또 한 가지 주장은 전시작전통제권을 미국이 갖고 있기 때문에 미국이 북한에 평화를 가져다줄 직접 당사자라는 거야. 한국전쟁 때 우리가 한국군 작전권을 미군에게 넘겨서 지금은 전시작전권이 없는 상태이거든.

🙍 **서설** 그럼, 우리가 할 수 있는 일은 없는 건가요?

🙂 **정 선생** 아니지. 우리가 전시작전통제권을 반환받고 북한과 미국과 함께 평화 협정에 참여해야지. 한국전쟁의 당사자들이니까 우리도

미국과 함께 반드시 참여해야지. 남북 사이에 정치·군사적 신뢰를 확인하는 평화 협정이 맺어지지 않는다면 남한은 결국 구경꾼이 되어버릴 가능성이 많아. 북한이 그동안 남북 협상을 할 때나 선전 활동을 할 때 남한이 정전 협정의 당사자가 아니라서 상대하지 않겠다는 걸 얼마나 써먹었는데. 평화 협정마저 북한과 미국 사이에 맺어진다면 남한이 통일을 준비하거나 통일하고 나서 주도권을 행사하는 데 얼마나 지장이 많겠어.

그리고 유엔이 남북한의 평화 체제를 보장해야지. 평화에 대해 남북한이 합의하면 만장일치로 통과시킨 사례가 많으니까 유엔이 보장해주는 것은 어렵지 않을 거야.

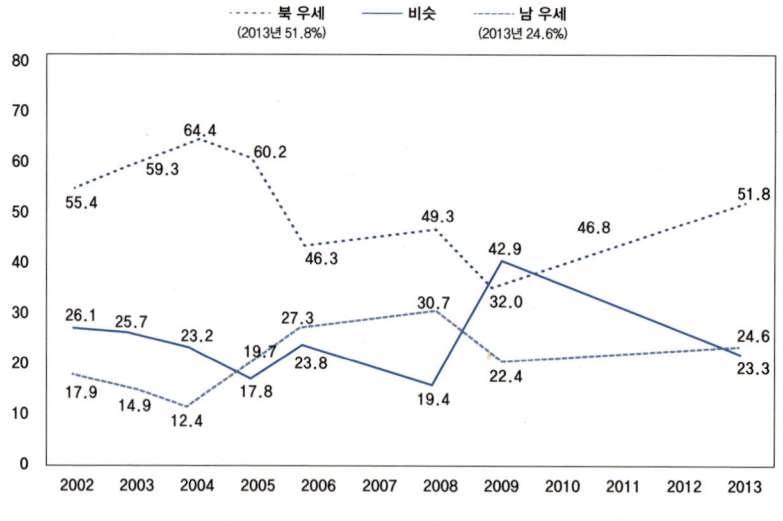

주한미군 제외 시 남북 군사력 평가 변화(%)

국방대학교 일반 국민 안보의식 조사(2000-2004), 한국인의 정치안보의식 조사
(2006; 2007; 2013)　　　　　　　　　　　　　출처:「EAI 여론 브리핑」제132호

해밀   전시작전통제권이 그렇게 중요하군요. 그런데 어떤 사람들은 그냥 미국에 두지 왜 가져오려고 하느냐고 주장하던데요.

정 선생   그런 주장에 난 동의할 수 없어. 어떤 나라가 자기 나라 군대를 지휘할 권리도 없으면서 자기 문제를 제대로 풀어나가겠어. 그러니 북한이 미국하고 평화 협정 맺겠다고 해도 논리적으로 우리가 밀리는 상황이 되고 말지.

2012년 기준으로 남한의 국방비가 256억 달러로 북한 국방비 8억 달러에 비해 32배나 많은데,[주2] 북한의 남침에 대해 두려움을 갖고 있는 것이 현실이야. 우리 국민의 안보에 대한 불안감이 어느 정도인지 앞의 도표를 보면 알 수 있어. 주한미군을 제외하면 북한의 군사력이 우세하다고 생각하는 거지.

한국전쟁 때의 역사적 상처 때문이겠지. 그러나 지금은 1950년과는 상황이 달라도 너무 달라. 물론 북한 핵무기의 위력을 무시할 수는 없지만, 안보 불안을 필요 이상으로 조장하는 것도 좋은 것은 아니야.

그리고 우리 국민의 안전을 책임져줄 군대를 미국의 한 지역사령관(8군사령관)이 파견되어 지휘한다는 것은 우리의 국력과 세계적 위치에도 맞지 않아.

3. 미군 주둔 문제는 어떻게 되나요?

서설   그런데 평화 체제가 맺어지면 미군은 철수하게 되나요?

정 선생　북한이 평화 체제를 미국하고 맺으려는 데에는 주한미군을 철수시키려는 의도도 있어. 세계 최강의 주한미군이 존재하는 한 위협을 느낀다는 거겠지. 남한에서 평화 체제에 반대하는 사람들 중에는 주한미군이 철수하면 안보에 불안이 생기지 않나 하는 걱정도 있지. 하지만 평화 체제가 바로 주한미군 철수와 연결된다고 할 수는 없어. 왜냐하면 유럽안보협력회의CSCE와 같이 동북아 안보협력기구를 만들어 동북아의 안정을 위해 존재할 수도 있으니까. 유럽안보협력회의는 53개국을 회원국으로 거느리며 '새로운 유럽을 위한 파리헌장'을 채택하기도 했어. 이 헌장에는 민주주의·평화·화합의 새로운 시대를 천명하면서 유럽에서의 냉전 종식을 선언하기도[주3] 했어. 이 유럽안보회의는 1995년 유럽안전보장협력기구CSCE로 제도화되어 오늘에 이르렀지.

해밀　그래도 북한은 불안해서 주한미군 주둔을 받아들이지 않겠다고 할 수 있잖아요.

정 선생　충분히 그럴 수 있지. 북한을 안심시켜 평화 체제를 만들기 위해서는 두 가지 방식이 있어. 북한 주장대로 주한미군을 철수시키든지, 아니면 주한미군의 역할을 '동북아 평화유지군'으로서 명확하게 규정한 다자안전보장협정을 맺는 방법. 여기에는 동북아 주변 국가이거나 전략적 이익을 갖고 있는 미국, 중국, 러시아, 일본이 함께 참여하는 협정을 맺어야. 미국도 한반도 평화 체제를 구축하기 위해서는 한국이 작전통제권을 갖고 있어야겠다는 판단도 했고 말이야.[주4]

그런데도 2012년 4월 17일에 받기로 한미 간에 합의한 전시작전통
제권을 한국에 반환하는 것을 2015년 12월로 연장했어. 우리 스스로
연장하자고 한 것은 너무나 낯부끄러운 일이지. 최근에는 전시작전통
제권 환수에 대해 사실상 무기한 연장하는 협상을 했다니 정말 실망
스럽다. 그만큼 자주적 평화 협정을 맺고 평화 체제를 만들 수 있는
길이 멀어지고 있으니, 걱정이구나.

😊 서설 북한의 주한미군 철수에 대한 주장은 변하지 않았나요?

😀 정 선생 공식적인 주장은 늘 주한미군 철수였지. 하지만 놀라운
사실이 있단다. 북한이 주한미군 철수에 대한 생각은 단순하지가 않
은 듯해. 김일성이 1980년대 동독의 수상 호네커와 정상회담을 할 때
일이야. 호네커가 "주한미군이 나갈 거라고 생각하는가?"라고 물어봤
더니 김일성 주석이 "소련과 중국과의 관계 때문에 있는 건데 나가라
고 해서 나가겠냐?"라고 했다는 거야. 즉, 주한미군 철수의 가능성을
스스로 낮게 보고 있다는 증거지.

또 하나는 6·15 남북정상회담을 할 때 김정일 국방위원장이 김대
중 대통령에게 "주한미군 주둔을 반대하지 않겠다."라고 했다는 거야.
이를 전하면서 김대중 전 대통령은 "깜짝 놀랐다."는 표현을 썼어.

추측컨대, 주한미군이 있어서 남한의 북한 공격을 막을 수도 있다
고 판단하고 있는 듯해. 물론 추측이지만 말이야. 남한의 압도적 우위
를 북한도 인정하고 있다는 증거이기도 하지.

😀 해밀 그래도 한미 군사훈련에 신경을 곤두세우는데요. 미군 철

수가 본심이 아닐까요?

🧑 정 선생 그렇지. 한미 군사훈련을 전쟁연습이라고 하면서 치열하게 반발하고 있지. 왜 아니겠어. 세계 모든 나라 국방비의 39%를[주5] 미국 한 나라가 쓰고 있으니 두려운 존재지. 하지만 여러 나라의 보장 속에서 유엔 평화 유시 경찰로서만 활동한다면 북한도 그리 크게 신경 쓰지 않겠지. 그러면 한반도 긴장을 누그러뜨리는 데 크게 도움이 될 거야.

그리고 우리 민족 통일을 위해서는 북한의 입장 말고 우리 민족이 합심해서 노력해야 할 것이 있어. 동북아 여러 나라가 참여한 다자안보협정을 맺어 미군은 다자안보협정에 따른 역할만 수행하게 해야지. 우리가 분단될 때 보였던 미국과 유엔의 일관되지도 않고 유엔 정신에도 어긋났던 역사적 빚을 갚도록 우리가 촉구해야 해. 그 역사적 빚을 갚기 위해서는 물론 통일에 방해를 주어서는 절대 안 되지.

하지만 더 중요한 것은 통일 초기에 혼란이 있을 수 있는데 이를 관리하는 역할을 하는 거야. 통일이 안정기에 들어가면 고이 보내드려야지. 미국도 막대한 재정적자에 시달리는데 더 주둔할 이유가 있겠어.

4. 주변국과의 문제는 없나요?

👩 서설 중국이 문제잖아요. 미국과 은연중에 패권 다툼을 하고 있지 않나요?

🙂 **정 선생**　중국도 주한미군이 당연히 신경 쓰이겠지. 하지만 경제 발전에 전념하기 위해 미국과 갈등과 대립으로 발전하는 것을 원하지 않아. 미국도 중국을 포위 압박하는 전략(흔히 초승달 모양으로 중국을 포위하여 팽창을 억제하려 한다고 해서 '초승달 전략')을 펴지만 서로 주고받는 이익이 있어서 노골적으로 적대하기는 어려운 사이니까. 중국은 미국 시장을 통해 많은 돈을 벌고 있고 이 돈으로 미국의 국채를 사주어서 미국은 재정위기를 극복하고 있어. 그리고 기타 협력해야 할 일들이 아직 많지. 특히 경제 분야에서 말이야. 그러니 지금으로서는 중국도 대놓고 미국과 적대적인 관계로 돌아서리라 예측할 수는 없는 상황이야.

👩 **서설**　그러다가 서로 적대적으로 돌아서면 우리가 불안해지지 않나요?

🙂 **정 선생**　그러니까 하루빨리 남북 간에 통일을 해야지. 그래야만 전쟁의 불씨를 제거할 수 있어. 21세기는 서로 협력과 소통으로 이익을 취하는 시대인데 우리 민족만 둘로 나뉘어 서로 으르렁거리고 있잖니. 이 틈을 비집고 냉전과 같은 대립구도가 다시 재생되어선 안 돼. 이것이 우리가 통일을 서둘러야 하는 이유야.

독일인들은 독일 통일을 지지했던 소련의 고르바초프가 복잡한 국내 사정에 의해 권력을 잃을지도 모른다고 걱정했어. 그래서 통일을 서둘렀던 독일의 지혜로움을 우리도 배워야 해.

미국과 중국과의 패권 다툼이 본격화되어 남북 대립이 다시 굳어져버리면 안 돼. 그리고 한반도가 세계인들에게 화약고처럼 인식되면

무기를 팔아먹는 무기상, 이른바 '죽음의 상인'을 제외하고 누구에게 도움이 되겠어?

🧑‍🦱 해밀　그럼, 어떻게 해야 평화 체제가 성립될까요?

🧑 정 선생　북한의 핵 보유가 그들이 말한 대로 막강한 미군에 대한 자위권, 즉 자기를 지키기 위해서라면 평화 협정을 맺고 다자안보협정을 맺으면서 동시에 핵을 없애야지. 북한에게 강력한 영향력이 있는 중국도 북한 핵을 절대 용납하지 않겠다고 했어. 그러니 중국을 포함하여 러시아, 미국, 일본까지 안전을 보장하는 다자안보협정을 맺으면 북한이 핵을 포기할 가능성이 많다고 생각돼. 그러면 북한에 대한 각종 규제와 제재 조치가 해제될 것이고 북한이 문을 열고 국제 사회로 나올 수 있을 거야.

　문제는 누가 먼저 행동에 들어갈 것이냐인데, 나는 한국과 미국이 먼저 평화 체제를 맺을 준비를 하고 다자안보협정을 맺어야 한다고 봐. 그리고 북한에게 핵무기 폐기를 요구해야지. 원래 대결하는 상태에서는 각종 전략과 전술을 다 동원하게 되어 있으니까 상대가 교활하게 보일 때도 있지. 하지만 이러한 것들을 문제로 삼다 보면 일이 풀리기가 어려워.

작은 일에 일희일비할 것이 아니라 큰 흐름을 우리가 주도하고 이끌어야 해. 북한이 무슨 성명을 발표할 때 사용하는 언어는 공격적이고 자신감에 차 있고 또 격앙되어 있을 때도 많아. 그렇다고 이미 국력 차이가 많이 벌어진 상태인데 그러한 북한의 말을 이용해 위협을 과장할 필요가 있을까? 그들의 말도 다 전략과 전술이나 정치적 고려까지 계산된 발언일 텐데 감정적으로만 받아들일 필요는 없다고 봐. 세상일은 감정적으로 대처할 때 손해 보는 게 더 많거든.

또 하나는 북한이 협상에 나설 때 보면 북한이 스스로를 어떻게 생각하고 있는지 명확하게 알 수 있어. 즉, 1차나 2차 남북정상회담이 열리게 된 것은 한국과 미국이 북한에 대해 평화적인 제스처를 보냈을 때야. 그런 만큼 한미 간에 북한에 먼저 평화의 메시지를 던져서 그들이 안심하고 회담장에 나오게 하는 것이 문제 해결의 실마리일 거야. 국제 사회로부터 포위 압박을 받고 있는 북한이 먼저 적극적일 수는 없을 테니까.

3장 가장 아름다운 통일 세상이란?

1. 통일해서 좋아지는 것은?

🧑 **서설**   통일을 추진하는 과정에서 어려운 일이 많지 않을까요?

🧑 **정 선생**   솔직히 어려운 일이 더 많겠지. 하지만 고생 없이 가치 있는 것을 얻을 수는 없어. 함께 고생하면 더 힘든 줄 모르고 할 수 있을 거야.

난 인체의 신비에서 자연의 섭리를 느낄 때가 있는데, 소통이 막힌 곳에 마비가 오고 이것이 각종 병의 원인이 되고 있잖아? 지금 한반도도 남북으로 막혀 있어서 암적인 현상들이 많이 나타나는 거야.

남한의 많은 인재들이 진취적인 꿈을 잃고 있다는 게 가장 안타까워. 일자리가 없어서 놀고 있는 젊은이가 얼마나 많아? 그러다 보니 취업하는 데 몰두하느라 세상에 대한 진취적인 기상을 갖기가 어렵지. 젊은이의 특권인 진취적인 꿈과 기상이 없어져간다는 말이야. 수십 장의 이력서를 쓰느라 청춘을 허비하고 있는데 그런 현실은 외면하면서 국제적인 경쟁력을 갖춘 인재를 키우기는 어렵지.

217

남북 교류와 협력만으로도 생길 수 있는 좋은 변화는 일자리가 급격하게 늘어나 실업자가 많이 줄어든다는 것이지. 북한을 개발하는 데 많은 인력과 장비가 투입되어야 할 테니 당연히 경제가 활성화되고 덩달아 일자리가 늘어날 거야.

　북한은 또 어떻고. 체세 유지를 위한 사상학습과 군사훈련 등에 매몰되어 그들이 말하는 인민의 생활 수준을 향상시키는 데 힘을 쓰지 못하고 민족의 에너지를 낭비하고 있지. 이게 가장 안타까운 일이야. 남북 교류와 협력 사업으로 북한의 인력도 많이 필요해지고 남북한 사람들의 접촉도 많아지겠지. 그럼으로써 접촉을 통한 변화가 일어날 가능성은 더 커질 거야.

🙂 해밀　국토를 이용하는 데도 문제가 있지 않나요?

🙂 정 선생　바로 그거야. 원래 남쪽은 농토가 넓어 농산물이 많고, 북쪽은 산악지역이 많아 지하자원이 풍부하지. 서로 보완해야 잘살 수 있는 국토 환경인데 분단되어 있어서 비정상적이 되었거나 손해 보는 것이 많아.

　에너지경제연구원의 김경술 박사의 말[주1]에 의하면 다음과 같은 문제가 있다고 하더구나. 북한이 2008년 황강댐을 만들어 예성강으로 유역 변경 발전을 하다 보니 남한의 파주와 연천 지역의 수량이 부족할 때가 있고 홍수 위험도 있어. 실제로 2009년 6월에 큰 비가 오니까 북한이 통보 없이 물을 방류하여 임진강 하류에 홍수가 나서 6명이 죽은 사건도 생겼지. 이것은 분단 체제가 만들어 놓은 재난이자 북한의 부주의가 빚은 재난이란다. 남북한 교류와 협력이 정교해지면 이러한 자연재해도 많이 줄일 수 있을 거야.

해밀   지난 여름 원자력 발전소 고장으로 학교에서 더워서 혼났
는데, 통일되면 북한 개발에 많은 에너지를 써야 할 텐데 남한에 지
장이 없을까요?

정 선생   물론 전기 문제는 우리가 많이 신경 써야 할 부분이야.
그러나 잘 준비하면 남북이 협력해서 전기를 더 많이 생산하여 서로
에게 도움이 될 수 있어. 김 박사의 말에 의하면 댐 건설과 발전시설
의 기계적 결함으로 4분의 1밖에 전력을 생산하지 못하는 북한의 황
강댐을 우리가 보수하면 많은 전력을 생산할 수 있다는 거야.

통일되기 전이라도 남북이 에너지 자원에 대한 협력을 하면 서로에
게 도움이 된다는 말이거든. 황강댐을 우리가 보수해주고 50% 전기

를 가져오고 50%를 주면 서로에게 이익이 되지. 여기서 생산된 전력을 북한도 2배 많은 40만 킬로와트를 얻고 우리도 40만 킬로와트를 얻을 수 있다는 거야. 그런 식으로 북한을 개발하면서 북한에서 자체 조달할 수 있는 에너지와 자원은 많은 편이야.

🧑 서설　북한이 중국이나 러시아와 손잡고 개발되면 통일된 후에 우리에게 오는 피해도 있지 않을까요?

😊 정 선생　이 질문은 날 매료시키는데……. 대표적인 사례를 김 박사의 얘기로 대답해볼게. 남북한 전기는 정격주파수가 60Hz고 중국 전기는 50Hz라는구나. 그런데 지금 북한이 중국과 나선특구공동개발에 합의하면서 특구전력공급방안에 합의했다고 해. 쉽게 말해 중국 전기가 들어온다는 것이지.

그런데 중국 전기는 50Hz라 청진 이북 지역의 모든 전력시설을 교체해야 한다는 거야. 그렇게 되면 북한 북동부 지역의 전기적 영토는 훼손되고 말겠지. 통일 후에는 모든 전력시설을 다시 바꿔야 하니 또 문제가 생길 거야. 그럴 바에는 변환설비를 우리가 지원해주면 되지 않겠느냐는 주장도 나오고 있어. 그 비용이 450억 원이야. 그렇게 해서라도 전기적 영토 훼손을 막자는 건데, 어때, 해야 할 사업 같지 않아?

🧑 서설　그렇네요. 이런 경제적인 것 말고 다른 분야에서 좋아지는 것도 있겠지요?

😊 정 선생　그럼, 다양성과 공존이 곧 자연의 섭리란다. 지금 우리

의 분단은 우리 민족의 다양성을 해치는 주범이라고 감히 지목할 수 있어. 21세기는 다양성과 상호 협력이 시대정신이지. 그런 점에서 분단은 우리 민족의 정신세계와 다양한 발전 가능성을 옥죄는 가장 큰 질곡이야. 빨리 벗어나야지.

2. 통일에 유리한 동북아 정세는?

🧑 해밀 그런데 다양성과 상호 협력이 그렇게 중요하다면 일본과도 협력해야 하나요?

🧑 정 선생 역사 왜곡이나 극우파들의 국수주의를 억제하기 위해서도 상호 협력하여 동북아시아 공동체로 나아가야 해. 일본이 동북아 패권 다툼을 위해 19세기 제국주의의 광기를 부활시키려고 하고 있거든. 그러한 시도를 꺾기 위해서라도 유럽연합EU 같은 동북아 공동체까지 나아가는 이상을 꿈꾸어야 해.

👩 서설 통일도 못 하는 처지에 동북아 공동체를 꿈꾼다는 게 너무 비현실적이지 않나요?

🧑 정 선생 아주 현실적인 질문이구나. 하지만 우리 통일도 우리 민족만의 문제는 아니야. 분단이 국제 정세에서 결정되었듯이 통일도 국제 정세에 영향을 받게 되어 있어. 그중에서도 동북아 정세에 많은 영향을 받을 수밖에 없지. 독일 통일도 주변 국가들이 승인하여 이루어진 것처럼 말이야.

그런 점에서 대립과 갈등의 질서보다는 평화 공존의 동북아 질서가 우리에게는 유리한 통일 환경이란다. 이러한 질서를 우리가 주도적으로 열어나가야 해. 우리가 중국이나 일본보다 작은 나라인데 가능하겠느냐고 생각할 수 있지만, 우리가 나서야 일이 쉽게 풀릴 수도 있어.

예를 들어 1990년대 말, 벨기에의 정치가 파울 헨리 스파크는 강대국에 EU 본부가 들어서면 서로가 각축을 벌이게 될 것이므로 이를 피하는 것이 좋겠다고 주장했어. 그의 주장에 많은 유럽 지도자들도 수긍하여 결국 작은 나라인 벨기에 브뤼셀이 EU 본부 유치에 성공했단다.[주2]

벨기에처럼 우리가 어느 쪽에 치우치지 않고 중간자 역할을 할 수도 있어. 제국주의 국가였던 일본과 패권주의적 속성을 보이기 시작하는 중국 사이에서 우리는 평화와 공존을 외칠 좋은 위치에 있으니까. 이러한 역할과 역사적 사명을 수행하기 위해 통일이 필요하다는 자세를 끝까지 취해야 해.

3. 남북 사회 내부 문제는 어떻게 해야 하나?

👦 해밀 우리 내부도 문제가 상당히 많잖아요. 통일로 이러한 문제를 해결할 수 있을까요?

👨 정 선생 그럼, 많은 문제의 근원에 분단이 자리를 잡고 있어. 통일이 아름다울 거라고 꼽을 수 있는 가장 큰 이유는 분단으로 억눌

린 다양성이 살아날 수 있다는 점 때문이야. 또 증오의 삿대질을 벗어나 공존하는 품위가 힘을 얻게 된다는 점이지. 증오는 대개가 태풍의 생리를 닮은 것 같아. 태풍은 바다가 더워져 있을수록 더 강해지거든. 더워진 바다로부터 수증기와 에너지를 빨아들여서 말이야.

증오도 마찬가지야. 대중적인 분노와 증오심을 빨아들이면 더욱 미친 듯한 힘을 발휘하는 거야. 집단광기가 되어 걷잡을 수 없이 이성을 잃고 말지. 이렇게 집단광기마저 조장하여 남한의 반공규율사회와 북한의 유일체제를 유지한다는 사실을 많은 국민들이 알았으면 좋겠구나.

서설 수십 년간 지속된 사회적 특성이 쉽게 변하지는 않겠지요? 남북한의 이런 심리를 어떻게 해야 하죠?

정 선생 분단을 유지시키기 위해 군중심리를 이용하고 있다는 점을 정확히 알려야지. 그리고 맹목적인 군중심리를 이용해 권력을 잡은 히틀러 같은 사람들이 얼마나 인류에 큰 죄를 지었는지도 통찰하는 것도 필요해. 이제 민주화가 되었고, 우리 국민의 민주의식이 상당한 수준에 올라와서 독재자가 나올 가능성은 희박하거든.

70년이 다 되어가는 반공논리에만 매몰되어 사회 발전을 가로막는 정치논리에서는 벗어날 때가 되었어. 반공논리나 유일사상을 통해 모든 것을 보는 냉전시대의 가치관과 민족 분열적인 행동을 청산해야만 해. 낡은 논리에 기대어 자신의 기득권을 지키려는 사람들에게 휘둘릴 만큼 우리 민족의 지성이 허약하지 않다는 것을 보여주어야 한단다.

그러기 위해서는 양심적이고 민족적인 지성인의 영향력이 더욱 강해져야지. 그러려면 다양한 노력도 필요하지만 부자연스러운 분단 체제에 맞서는 용기가 가장 중요해. 혼자서 용기를 발휘하기 어려우면 같이 힘을 모아야만 할 거야.

해밀 그렇다고 수십 년 이어져온 논리가 쉽게 정리될까요?

정 선생 참신한 정신이 낡은 정신을 이기지 못하는 것은 역사에서 자주 보는 현상이지. 그것은 기득권이 강하기 때문이야. 참신한 시대정신을 적절한 방법으로 반영하여 낡은 기득권 세력에 대항하지 못했기 때문이기도 하고. 조직적이고 능률적으로 연대의 힘을 발휘하지 못해서야.

앞으로는 민족 자주적 정신이 투철한 통일 희구 세력이 좀 더 힘을 내서 아름다운 통일 세상을 열어야 해. 그리고 선한 통일 세력이 모여서 통일 논의를 이끌어 가야 해. 이끌지 못하면 이끌리게 되어 있어. 바쁜 21세기일수록 의제를 누가 선점하여 설득력 있게 끌고 나가는가가 중요하단다.

선하고 많은 것을 알고 있는 사람들이 대부분 점잖고 조심스럽잖아. 그래서 무식한 싸움꾼과 싸우면서 품위를 잃지 않으려 하지. 그러다 보니 우리 사회에 정직하고 품위 있는 사람들의 목소리는 들릴 듯 말 듯해. 가끔씩 천박하고 목청 큰 인간들만이 이 사회의 지도자인 체 군림하는 것이 너무 황당한 현실이지. 통일되면 선량하고 정직한 사람들의 목소리가 더 많이 더 아름다운 음향으로 들려올 거야. 상쾌한 아침의 새소리처럼 말이야.

224

4. 통일 기획과 실행에서 중요한 사람들은?

🧑‍🦰 서설 선생님, 어떻게 통일을 계획하고 이루어나가야 할까요?

🧑 정 선생 나는 북한과 교류와 협력을 직접 담당한 사람들과 연구한 국내외 학자들이 모여서 통일을 준비하는 미래 전략을 세세하게 짜야 한다고 생각해. 경험만큼 소중한 것이 없기도 하니까 대북사업이나 북한 관련 일을 해본 사람을 다 모아야지. 하지만 학문적으로 연구하는 사람들의 객관적이고도 과학적인 성과물도 존중해야지. 남북 경협이나 교류 사업 등에 경험이 많은 사람이 자기 경험만을 최고로 아는 편협성에만 빠지지 않으면 이들이 중심이 되어 미래 전략을 짤 수 있어.

미래 전략을 짤 때는 여러 가능성에 대한 대안들도 고려해야지. 그리고 국내외 학자가 함께 참여해야 하는 이유는 좁은 시야에서가 아니라 국제적인 시야에서 전략이 수립되어야 시행착오를 줄일 수 있기 때문이야. 그리고 각 대안들에 동원될 사람들이니 단체, 그들이 준비할 사항, 준비와 실행 과정에서 투입될 자원과 예산계획도 다 짜야지.

🧑‍🦲 해밀 이러한 일을 할 사람들을 잘 뽑아야겠네요.

🧑 정 선생 그렇지. 모든 일은 사람이 하는 것이라서 담당할 사람들이 아주 중요하지. 그러니 이들을 뽑을 때부터 신중을 기해야 한단다. 우선 냉전논리에 사로잡혀 민족 분열적인 행동과 말을 일삼은 사람들은 철저히 제외해야 해. 통일에 헌신적인 사람들이 모여서 그들이 추천하고 함께 심의하여 각 분야 전문가를 뽑아야지.

이 일은 정부가 모든 권한을 행사하면 안 되고 통일을 위해 노력해온 민간단체와 학자들의 의견을 존중해야 해. 그래야 힘 있게 일을 할 수가 있어. 통일의 추진력은 국민의 합의야. 어차피 인간세상에서는 100% 합의를 얻기 어려우니까 대다수가 동의하는 방향으로 움직여야지. 특히 공동체 의식이 있는 선한 사람들의 헌신과 국민적 지지가 통일을 추진하는 흔들리지 않을 기초야.

🙎 서설 그럼, 이런 계획을 준비만 하면 되나요? 아니면 뭔가 실행해야 하나요?

🙍 정 선생 계획을 준비만 하고 실행하지 않으면 두터운 남북 간의 냉전의 벽을 녹일 수는 없어. 그러니 계획이 준비된 대로 하나씩 실행해야지. 실행 과정에서 문제되는 것은 없는지 확인해봐야 하고. 가장 중요한 것은 민간 교류를 꾸준히 하는 거야. 정치적인 색깔이 없는 민간 교류로 남북 주민 간에 신뢰와 정이 쌓여야 통일을 희망하는 사람이 많아지지.

그런 점에서 "민간 교류의 바다에 통일의 배를 띄워야 한다."는 유진벨 재단의 인세반 회장님 말이 가슴에 와 닿아. 미국인이면서 북한의 결핵 환자들을 치료하기 위해 성금과 종교재단의 지원을 받아 방북 활동을 하고 있어. 박애정신을 실현하는 분이라 더욱 인상이 깊어.

민간 교류를 활성화하여 남북한 주민의 화합으로 이끄는 일만큼 중요한 것은 없단다. 결국 마음의 통일이 최종적인 것이니까.

그 인세반 회장님이 자신이 북한에서 "북한 결핵 퇴치를 위해 일한

다."고 하면 "아, 그래요. 좋은 일 하시네요." 하면서 식판을 들고 다른 데로 간다는 말이 생각난다. 전염병이라 걱정하는 것이겠지.

🧑‍🦰 시설 재밌네요. 근데 정부가 니서지 않아도 국민이 나서 통일 준비를 해야 하나요?

🧑 정 선생 사실상 정부가 북한 접촉을 승인해주지 않거나 북한 방문을 허락해주지 않으면 어렵지. 그럴지라도 민간단체도 끊임없이 준비하고 여론을 통해서라도 정부를 일깨우든지 압력을 넣어서 민간 교류 활성화를 위해 노력해야지. 민간 부문에서의 노력이 통일의 불쏘시개가 되어 정부를 끊임없이 자극해야 해.

아직 통일 문제는 정부가 압도적인 영향력을 갖고 있어. 그러니 정부의 노력도 아주 중요하지. 민간 부문에서 아무리 노력해도 정부가 실행하지 않으면 안 된다는 것을 지난 이명박 정부 때 절절하게 느꼈으니까. 그 정권 5년간 남북관계가 심하게 뒤틀린 대가를 지금 남북관계에서 치르고 있어.

제때 해야 할 일을 못 하고 때를 놓쳐서 나중에 어리석었다고 후회하는 일이 있어서는 안 되겠어. 그런 점에서 한완상 통일부총리의 말에 귀를 기울여야 한다. "김영삼 정부 들어 (노태우 정부때 펼친) 북방정책의 반만 이루어졌다. 김영삼 정부가 (노태우 정부의 통일정책을) 계승했으면 남북관계가 이렇게 되지 않았다. 역사를 읽지 못한 것에 가슴을 치고 싶다."주3

역사란 후세가 선조를 평가하는 거야. 발달된 지성과 시대정신으로 판단하는 것을 의미하지. 그만큼 미래 지향적이어야 후세에 좋은 평을 듣는 떳떳한 선조로 남는다는 거야.

또 모든 것은 때가 있어. 하물며 통일정책은 더 말할 것이 없지. 아무리 좋은 정책도 기회를 놓치면 3류 정책이 되고, 시대정신에 맞는 정책을 제때 행하면 일류 정치가가 되는 것이지.

4장 이상적인 통일을 꿈꾸며……

1. 발전적인 사회 모델을 만들 절호의 기회

서설 선생님, 통일에도 이상적인 통일이 있을까요? 그냥 통일이면 다 좋은 게 아닐까요?

정 선생 모든 일에는 이상적인 방향과 도달해야 할 수준이라는 것이 있어. 통일도 마찬가지야. 우리 민족의 대부분이 원하는 방식으로, 원하는 사회를 만드는 것이 가장 이상적인 통일이란다. 그 방안은 첫째, 평화통일. 어찌 보면 당연하다고 생각하겠지만, 자칫 전쟁을 통해서 상대를 굴복시켜버려야 되겠다는 생각을 하는 모험주의적인 생각을 가질 수도 있어서 반드시 짚고 넘어가야 할 부분이야.

전쟁을 통한 무력 통일은 이론상 가능할지는 몰라도 현실적으로 불가능하다는 것이 역사적으로 입증되었어. 그것이 바로 한국전쟁이야. 그리고 만일 전쟁이 난다면 남북 간의 내전으로 그치지 않고 국제전으로 비화하고 만다는 것도 한국전쟁 당시와 조금도 변하지 않은 주변 정세야. 우리가 그만큼 전략적으로 중요한 위치에 있는 셈이지.

그리고 전쟁의 위기가 고조될 때 한반도와 주변에 포진한 군사력들을 생각하면 아찔하다는 생각밖에 안 들어. 승패를 떠나서 이 민족은 다시 일어서기 어려울 정도의 비참한 지경에 이르고 말지. 그런데도 세계 최대의 군사강국과의 동맹을 자랑스러워하고, 이에 질세라 핵무기로 대응하는 지금의 상황은 정말 위험천만이야.

또 하나는 전쟁을 통하지 않고 흡수 통일하는 방법인데, 북한의 붕괴가 일어나지 않으면 거의 불가능하다고 할 수 있지. 흡수 통일은 결국 급격한 통일로 이어질 수밖에 없어. 아직도 북한이 붕괴할 거라는 기대 섞인 전망을 내놓는 사람도 상당수가 있더라만. 1990년대에 북한의 식량난으로 주민 40~50만 명이 굶어 죽었어도 북한은 붕괴되지 않았어. 그리고 흡수 통일이 된다고 하더라도 합의 통일에 비해 7배나 많은 통일 비용 때문에 바람직하지 않아.

둘째, 남북한이 통일을 기회로 활용하여 더욱 발전적인 사회 모델을 만들어내야 해. 사회체제야 당연히 시장경제에 바탕을 둔 민주주의 국가를 유지해야 하지. 하지만 북한의 경제와 사회를 급격하게 변화시키면 막대한 비용을 치를 가능성이 많아. 그러니 서서히 변화시키면서 그들의 장점도 우리에게 접목할 필요가 있어. 사람도 장점만 있고 단점이 없는 사람이 없듯이 국가나 사회도 장점과 단점은 함께 공존하니까. 이를테면 북한의 공동체성은 이기주의로 많은 갈등을 양산하고 있는 우리가 눈여겨보아야 할 점이란다.

독일의 사례를 보면 서독과 동독이 사회민주주의적인 전통을 함께 갖고 있어서 통일을 하는 데 많은 도움이 되었다고 해. 그런 면에서 보면 동·서독이 비슷한 경제체제를 가졌다는 점이 부럽기도 하지.

그런데도 독일은 통일을 통해 보다 이상적인 사회를 만들 기회였는데 놓쳤다고 후회하는 지식인들이 많아.

후발 주자로서의 이점을 살려 우리는 서로 고쳐가고 보완해가면서 더 좋은 사회체제를 만들 수 있어. 남한의 시장경제는 시장에서 공정한 경쟁이 이루어지도록 국가가 더 적극적으로 개입해야 해. 경제적 약자를 보호하고 함께 가는 노력을 국가와 사회가 해야 하지. 예로부터 백성은 먹는 것을 하늘로 안다고 했어. 그만큼 경제가 중요하지. 경제정의가 사회정의의 핵심이기도 하다는 말이고. 그런 점에서 사회적 소통이 잘되고 복지제도가 잘 이루어지는 북유럽식의 복지국가가 이상적인 통일국가 모델로 보여.

하지만 그것에 머물지 말고 더 높은 차원의 모델을 만들었으면 좋겠어. 우리가 분단과 전쟁의 몸서리쳐지는 기억을 승화하여 얻은 평화를 최고의 가치로 삼는 나라를 만들어야지. 원래 우리의 민족성이 '평화'를 사랑하는데 참나무처럼 단단한 평화 의지를 간직한 나라를 만들었으면……

이상을 종합하면 '평화복지국가'가 되는 것이지. 세계적으로 평화를 가장 소중히 하는 평화의 허브 국가이면서 복지도 잘된 국가가 되면 최고의 국가 모델이지 않을까? 전쟁을 통해 성장한 나라가 아닌 평화의 메시지와 소중함을 배울 수 있는 최고의 품위 있는 평화복지국가. 우리 통일국가는 세계에서 존경받는 국민성을 갖는 계기가 되었으면 해.

이 정도는 되어야 그동안 우리가 당한 인적·물적 희생과 좌절된 민족국가의 꿈에 대한 보상을 받는 것이라고 생각해. 이런 나라를 만들려는 투지는 있어야 한다고 봐. 우리 민족이 겪은 비운의 현대사를 돌아봐. 우리가 당한 그 고통과 모멸감. 그러한 것을 거름으로 삼아 통일 과정에서 기필코 모범적인 '평화복지국가'를 만들어야지. 그래야 선조들의 희생과 헌신이 헛되지 않았다고 말할 수 있을 것 같아.

그리고 자녀들에게 떳떳하게 우리가 이만큼 이루어놓았으니 이러한 가치를 잘 지키고 더 발전시켜 달라고 말할 수 있어야 해. 암, 평화와 복지라는 소중한 가치를 느끼며 정신적으로 행복한 나라! 인류에게 그 이상의 꿈이 있을까? 전쟁 날까 두려워서 들어오지 않으려고 하는 나라가 아니라, 세계 여러 나라 사람들이 배우러 오는 품위 있는 나라 말이야. 그렇게 가슴 벅찬 기회가 열리는 새 아침이 바로 통일이야.

셋째, 건전한 통일관을 가진 민간 전문가 그룹을 육성하고 이들이 통일을 주도하는 '통일선도단'이 되어야 해. 북한 사회는 많은 부분에서 남한과 차이가 나기 때문에 이를 보고 우월감을 갖고 우쭐거리지 않았으면 해. 오히려 애정을 갖고 이끌어 가는 노력을 하지 않으면 온갖 어려움에 부딪치고 말 거야. 그리고 이들이 통일부문에서 앞장서 일하면서도 긍지를 갖도록 국가와 사회가 각종 혜택과 명예를 줘야 해.

2. 국민들이 통일에 앞장설 수 있을까?

🧑 해밀 그런데 민간인이 잘할 수 있을까요? 통일은 낯선 일이라서

두려워하지 않을까요?

정 선생 그렇게 생각할 수도 있는데, 난 우리 국민의 능력을 믿으니까 염려 안 해도 된다고 생각해. 세계적인 비디오 아티스트인 백남준 선생님이 말했듯이 우리는 사냥꾼 기질이 있어. 목표를 세우면 끝까지 추적하는 집요함이 있다는 뜻이지. 통일도 그런 기질에 약간의 지혜로움만 없으면 훌륭하게 해나가리라고 생각해.

앞에 말한 '통일선도단'도 좋은 인재를 가려 뽑아서 최고의 민족 과제인 통일에 헌신하는 것이니까 즐거운 마음으로 해나가려는 사람들이 상당히 나오리라고 봐.

다만 이들을 잘 가려 뽑는 것이 무엇보다 중요한 일이야. 선발할 때는 무엇보다도 그 일에 대한 열정과 경력을 참고로 하되 일정 기간 이상의 교육과 선발 과정을 거쳐야 한다고 생각해. 왜냐하면 모든 일을 추진하는 데는 그 일을 하는 사람의 인성과 자질이 철저히 검증되고 교육되는 것이 중요하거든.

통일을 추진하는 데는 인성과 가치관이 너욱 중요하나고 할 수 있어. 인성이 선량하지 않거나 편협해서 냉전논리에 사로잡혀 있거나 소영웅주의자는 곤란해. 기본적인 인성 못지않게 실무적인 능력도 잘 준비되어 있어야 하겠지. 그래야 일을 빨리빨리 진척시킬 수가 있을 테니까. 하지만 실무 능력이야 너무 뒤떨어지지 않으면 배워가면서 하면 되지만 인성과 가치관은 쉽게 변하지 않으니까 이것을 더 중요시해서 선발해야 한다고 생각해. 그리고 이러한 훈련된 민간단체가 앞장서서 우리와 달라도 많이 다른 북한 민간인과 소통과 협력을 강화해야지.

🙍 서설   잠깐만요. 북한에 민간인이라는 존재가 의미가 있어요? 노동당이 지시한 대로 모든 것에 복종해야 하는 것 아닌가요?

🧑 정 선생   좋은 얘기다. 얼핏 보면 명령에 복종할 뿐이니까 의미 없는 존재로 보일 수 있어. 하지만 북한에도 민民이 나름대로 생존방식을 터득하여 살아가고 있어. 그들이 만든 장마당(남한으로 말하면 시장)은 민이 만들어서 정부가 나중에 그것을 인정한 것이지. 그리고 재미있는 것은 민간인 중에 돈이 많은 사람을 '돈주'라고 하는데 그들은 북한 군부와 연결되어 상당한 정도로 사업을 하는 사람도 있다고 해. 군부의 아는 사람을 통해 "해산물을 채취할 잠수함을 만들어달라."고 주문하는 사람까지 있다고 하니까 말이야.

사회주의 국가였던 동독에서도 깨어 있는 시민들이 민주화를 요구하여 결국 통일의 기초를 놓았듯이 북한도 민간의 역량이 높아지면 통일의 기초가 놓인다고 보는 거지.

🙍 서설   믿기지는 않는데 재미있네요. 그런데 왜 민간 전문가 그룹이 중요한 거죠? 통일은 정부가 해야 할 일이 아닌가요?

🧑 정 선생   그래. 꼭 짚고 넘어가야 할 문제를 집어내는구나. 북한은 남한과의 국력차이로 흡수 통일에 대한 공포를 갖고 있는 만큼 민간이 주도하여 북한을 안심시키는 노력이 반드시 필요하단다. 그리고 우리 역사를 봐도 정부보다 민간인들이 뛰어난 역량을 발휘하여 나라도 지키고, 나라를 발전시킨 예는 부지기수로 많거든.

예를 들어 몽고군이 몰려와 집권자들은 강화도로 피신 갔을 때 충주에서는 농민과 노비가 나서서 몽고군을 물리치지 않았니. 임진왜란과 구한말 일제의 침략에 맞섰던 항일의병은 또 어떻고.

또 현대에 들어와서는 경제 발전의 원동력은 우리 국민들의 근면성과 교육열이었어. 그리고 경제 발전과 함께 세계의 부러움을 사는 민주화도 누가 베푼 것이 아니라 민이 피 흘리고 싸워서 쟁취한 것이잖아. 4·19 혁명과 5·18 광주민주화운동, 6월 민주항쟁 등도 다 국민이 나서서 포악한 압제자를 물리치고 민주화를 이루어내지 않았어?

이런 자랑스러운 민民 주도의 역사를 통일에서도 발휘해야 할 때가 되었다. 민이 주도하여 정부의 통일 의지가 약하면 여론을 모아 촉구하고 통일 열망을 불러일으키는 불쏘시개가 되어야지.

독일이 통일된 지 20년이 지났는데도 민간 차원의 신뢰 구축 프로그램이 부족했다고 고백한단다. 그런 이유로 그들은 통일 후 20년이 지났는데도 한 국가, 두 민족이라고 고백하고 있을 정도라고 해.^{주1}

또 민간단체가 중요한 이유는 우리가 급속한 기술경쟁사회에 살다 보니 능력이 있는데 조기 퇴직당한 사람이나 취업을 못 하는 사람이 많아. 그런 사람들을 동원하여 통일을 준비시키고 통일을 선도하게 하는 일을 맡기면 훌륭하게 해낼 거야. 남한의 넘쳐나는 인력을 투자하는 데 가장 적절한 곳은 북한이야.

3. 통일은 언제 해야 하나?

👦 해밀 통일은 언제 하는 것이 좋을까요? 그 시기에 따라 유리하고 불리한 상황이 있지 않나요?

👨 정 선생 통일에 관심이 있다면 궁금할 만한 질문이야. 무슨 일을 하든지 그 시기가 중요하지. 나는 전시작전통제권을 받아 오는 2015년에 본격적으로 통일 논의를 시작해서 2020년 안에 하는 것이 바람직하다고 봐. 왜냐하면 우리 한반도는 지정학적으로 대륙 세력과 해양 세력의 사이에 위치하고 있잖아. 미국 중심의 해양 세력과 중국 중심의 대륙 세력 사이에 노골적인 패권 경쟁을 하게 되면 불안한 정세가 조성될 수도 있으니까 말이야.

역사적으로 보면 대륙과 해양 세력이 패권 경쟁을 할 때 한반도에 전쟁이 났어. 예를 들면 임진왜란과 청일전쟁이 다 그런 경우야. 그렇다고 전쟁까지 나겠느냐고 걱정하지 말라고 하는 사람도 있을 수 있지만 그건 누구도 장담하지 못하는 문제이지.

또 세계적인 정치적 격변으로 우리가 시달릴 수도 있어. 그리고 일본의 움직임도 심상치 않지. 자꾸 민족주의를 강화하면서 제국주의 침략의 역사를 정당화하려 하고 반성하지 않고 있으니 말이야.

항상 명심해야 할 것은 우리가 지금 경제력 2위인 중국과 3위인 일본 사이에 끼어 있다는 사실이야. 그 속에서 우리가 균형을 잡고 우리의 목소리를 내려면 통일밖에 없지. 그리고 지금 준비해도 절대 빠른 것이 아니야. 너무 늦었다고 후회하지 말고 지금부터 준비해서 반드시 결정적 시기를 잡아야 해. 독일은 20년 이상 본격적으로 교류했어도 힘들어했어. 엄청난 무역흑자로 벌어들인 돈을 통일 비용으로 쌓아놓았는데도 말이야.

🙍 서설 선생님이 말씀하신 시기는 너무 빠른 것이 아닌가요? 우리가 준비된 것은 아무것도 없는 것 같은데요.

🙂 정 선생 그래, 아마 그렇게 보는 사람이 더 많겠지. 하지만 늦으면 늦을수록 통일 비용이 많이 들어가게 되어 있어. 남북한 간의 경제력 격차가 커지면 그 격차를 해소하는 데 더 많은 비용이 들 수밖에 없잖니? 그렇다고 그 격차를 해소하지 않고 살기에는 민족 통합이 어렵고 말이야.

더구나 지금 남한의 경제적 능력과 에너지가 최고조로 올라와 있어. 각종 건설장비와 투자할 역량은 넘쳐나는데 투자할 곳을 찾지 못하는 형편이야. 이미 대학생이 나이에 맞지 않는 중학교 교복이나 입고 있으면 얼마나 불편하겠어.

북한은 자원을 개발할 전기나 기술이 부족하고, 남한은 자원을 사오느라 많은 돈을 쓰고 있어. 그리고 북한은 경제가 총체적으로 어려워 어디서부터 문제를 풀어야 할지 모르는 상황이잖아. 남북한이 서로 보완하면서 민족의 힘을 키울 절호의 기회이지. 남한에는 고도 경제 성장을 이끌어 갔던 경험 많은 인재들이 아직 생존해 있어.

🧑 **해밀** 경험이 많다고 해도 은퇴할 나이가 되어서 쉬고 싶은 분들이 아닌가요?

🧑 **정 선생** 난 그렇지 않다고 봐. 지금 50대부터 80대까지가 경제 성장 과정의 경험을 갖고 있는 사람들이지. 그 경제 성장 시기의 경험을 북한 개발에 활용할 수가 있어. 평균수명과 근로 의욕으로 말하면 그분 중에 50~60대는 10년 이상 더 일할 수 있어. 그렇다고 하루 8시간씩 주5일 근무로 하라는 것이 아니라 자신의 건강이 허락하는 한에서 조언하고 이끌어달라는 것이지. 그 윗세대들도 건강한 분들은 더 일할 분들도 계시지. 그 세대를 잘 활용하는 것이 중요해. 왜냐하면 배고픈 시절과 풍요로운 시절을 다 겪어봤어. 그래서 배고픔이 서럽다는 것도 알고, 가난하지만 정을 나눴던 공동체 의식이 있어.

그리고 무엇보다 마음에 진정성이 있어. 진정성이라고 하는 것이 얼마나 중요한지를 해밀이는 아직 다 이해 못할 거야. 쉽게 말하면 마음에 간절한 그 무엇이 있어서 사람을 대할 때나 일을 할 때 참다운 자세를 지니는 것이지. 난 이 진정성이 있는 세대가 이끌고 그 자녀세대인 20대부터 40대까지가 함께 어우러져 북한 경제를 일으킬 수 있다고 생각해.

4. 우리가 과연 해낼 수 있을까?

🙍 서설　통일은 우리가 가보지 않은 길이라 두려워하는 사람들이 많은데요. 이 두려움을 떨치고 우리가 잘 갈 수 있을까요? 전 솔직히 두렵거든요.

🧑 정 선생　솔직함이 좋구나. 누구나 가보지 않은 길은 두려워하지. 하지만 함께 뜻있는 일을 하면 그 두려움을 떨칠 수 있단다. 뜻있는 일을 하면 이상하게도 도와주는 사람이 생겨나는 것을 겪어보지 않았니? 그래서 자신도 모르는 능력을 발휘하게 될 때가 있어. 우리 민족에게 통일 이상의 뜻있는 일이 어디 있겠어.

난 통일을 '민족정의民族正義'라고 부르고 싶어. 우리 민족에게 가장 정의로운 일이고, 우리 민족을 정의롭게 하는 일이니까 말이야. 우리가 반목하고 대립하면서 얼마나 많은 돈을 우리 민족을 위해 쓰지 못하고 외국 무기상에게 주어야 했어? 분단으로 얼마나 복지를 희생해가면서 경제 발선에 시장을 받았어? 분단을 핑계로 얼마나 많은 사람들이 인권을 보장받지 못하고 독재 권력에 시달려왔어? 민주화되어서 사람다운 대접을 받는 데 우리가 얼마나 힘든 과정을 겪었어?

누추하고 추악한 과거와 과감하게 이별하고 새로운 미래와 만나야 해. 그 미래가 통일이야. 둘로 나뉘어 서로 싸우고 물어뜯는 공해 같은 뉴스를 생산하지 말고 말이야. 그래서 다른 민족에게도 부끄러운 존재가 되지 말고 말이야.

🧑 해밀　민족정의라는 말이 조금 생소해서 더 듣고 싶어요. 우리 민

족에게 가장 정의로운 일이 통일이라는 데는 공감하는데요. 통일을 통해 우리 민족을 정의롭게 할 수 있다는 말은 잘 이해가 안 가서요.

🙂 **정 선생** 역시 총명하구나. 귀 밝고 눈 밝은 것이 총명인데 말이야. 사람을 목적으로 대우하기보다는 경쟁과 효율이 이 사회를 압도하고 있어. 그런 상황에서 사람이 목적이라고 해봐야 마음에 와 닿지 않지. 경쟁에서 이겨야 할 대상이고 딛고 일어서기 위해 노력하는데 사람을 존중하는 풍토는 많이 엷어질 수밖에 없어. 그 이유가 바로 한정된 자원과 권력을 누리기 위해 좁은 국토에서 치열하게 경쟁하기 때문이지.

통일이 되면 우리가 북한을 개발하면서 많은 가능성이 열려 경쟁이 덜 치열하게 될 수 있어. 그만큼 더 상대를 배려할 여유가 생겨 인간의 얼굴을 한 사회가 될 수 있어. 더 생산적인 일을 할 기회가 많아져 사람들의 생각도 더 건전해지지. 그리고 분단 현실에서 갈등과 대립을 불러일으키는 데 앞장선 반민족적인 언론과 세력들은 큰 영향력을 미칠 수 없기 때문에 우리 민족이 더 정의로운 판단을 할 가능성이 높아진다는 의미지.

👧 **서설** 통일을 원하지 않는 언론과 세력들이 앞장서 통일에 훼방꾼이 되면 어떻게 하죠?

🙂 **정 선생** 난 사회적 협약을 맺어야 한다고 생각해. 이 협약을 가칭 '통일국민협약'으로 하는 게 어떨까. 지금까지 반민족 행위는 묻지 않겠다. 하지만 지금부터 의도적으로 통일을 방해하는 반민족 행위를 하면 과거의 반민족적 행위까지 함께 묻는다는 내용으로 협약을 맺

어야만 한다고 생각해. 그리고 그를 준수하도록 특별법을 만들어 그 협약을 뒷받침해야지.

🧑 **해밀** 다른 나라에서 이런 협약을 맺어 성공한 사례가 있나요?

🧑 **정 선생** 난 독일의 역사적 경험이 훌륭한 사례라고 생각해. 1968년에 유럽에서 세대 갈등으로 기존의 권위에 대한 비판과 도전으로 학생운동이 시작되었어. 그리고 베트남 전쟁이 일어나자 반전운동으로 국제적 연대의 발판이 마련되었고, 지식인들의 지지와 참여로 68혁명이 일어났어.

이 혁명을 보면서 부모 세대들은 자녀들인 대학생들이 시위를 하는 것을 쉽게 이해할 수 없었어. 2차 세계대전의 어려움을 겪은 어른들은 전쟁 후에 태어나 풍요롭게 산 그들이 무슨 불만이 있는지 이해할 수 없었겠지. 하지만 68혁명세대들은 기성세대의 권위주의에 가장 반발했던 거야. 이때 구호가 "상상력에게 권력을"이었어.

68혁명으로 냉전하에서는 반공을 내세운 기존 보수 정부가 교체되었지. 그리고 시민들 사이에 공산주의에 대한 반발감과 거부감이 완화되자 오히려 보수와 진보의 갈등이 더 심해진 거야. 이 68혁명을 겪고 나서 독일에서는 1970년대에 이르면 보수와 진보의 서로 다른 두 입장은 거의 화해 불가능해 보일 정도로 갈등을 겪게 되었어.

그런데 1976년 가을에 바덴뷔르템베르크주 정치교육원의 한 학술대회에서 세 가지를 합의했어. 이것이 바로 유명한 보이텔스바흐 합의 Beutelsbacher Konsens야. 이 합의를 통해 두 입장의 대립에 대한 일종의 계율을 정하고자 했던 거야. 대립하는 두 입장에 대해 한 입장에서만

일방적으로 생각하고 결정하는 것이 아니라 대립을 대립 그 자체로 설명하려고 했던 것이야. 그리고 극우와 극좌의 주장을 펼치는 단체는 정치교육원에서 지원을 중단했어.

3가지 합의는 다음과 같았어.[주2]

첫째, 특정한 이념이나 사상의 주입을 금지하는 원칙.

둘째, 논쟁을 투명하게 드러내서 하는 원칙.

셋째, 학습자 자신의 이해관계에 맞추어 특정한 정치 상황을 분석할 수 있는 능력을 갖추어야 한다는 원칙.

이것은 정치교육에 적용하는 원칙이지만 사회적 합의로 모든 부문

에서 응용 가능하다고 생각되는 중요한 사례야. 얼마나 좋은 합의야? 어떤 사상이나 이념을 주입하지 말고 논쟁점을 드러내놓고 분석하여 자신의 철학이나 사상을 갖게 하다니. 이건 정말 우리가 본받을 만한 협약이 아닐까?

해밀   선생님이 독일을 갔다 오신다더니 바로 이것을 알아보러 가셨어요?

정 선생   그렇지. 보이텔스바흐 협약이 독일 사회에 어떤 영향을 미쳤는지 알고 싶어서 갔지. 이 협약으로 독일이 많은 갈등을 해결할 중요한 계기를 만들었어.

우리도 하루빨리 이 협약과 같은 사회적 협약을 마련해야 통일에 도움이 되겠다는 확신이 서게 되었어. 독일처럼 우리도 극우파와 극좌파의 극단적인 주장들을 배제하자는 합의가 꼭 필요한 시점이야. 그리고 중도적인 사람들이 토론을 통해서 우리의 사회 문제와 통일 문제도 함께 고민하면 좋은 결과가 나올 것이라고 생각해.

서설   독일에 가서 보면 통일에 관련된 많은 유적을 보셨을 텐데 인상 깊은 곳이 있었나요?

정 선생   나는 오히려 독일연방의사당이 인상 깊었어. 의사당 중앙 홀 바닥에 "민중 속에DER BEVÖLKERUNG"라는 문구가 쓰여 있었어. 또 의사당 정면에 있는 "독일민족을 위하여DEM DEUTSCHEN VOLKE"라는 글씨도 아주 인상적이었어. 독일의사당은 국민들이 의사당을 내려다보게 투명한 돔이 설치되어 있었어. 국민들이 이 의사당 투명 돔을

사진_ 민중을 위하여 ⓒ 정경호

사진_ 독일민족을 위하여 ⓒ 정경호

오르니 의원들에게는 국민들 발밑에서 일하는 느낌을 주게 만들어진 셈이지.

🙎 **서설**   그런데 선생님이 말한 협약을 더 강력한 수단인 법으로 바로 강제하면 되지 않나요?

🙎 **정 선생**   법이라는 것은 최종적인 것이어야지. 법보다 사회적으로 합의하여 그것을 지키자는 국민적 분위기가 무르익으면 법보다 강력한 힘을 발휘할 수 있는 거야.

그러나 이 협약을 완전히 무시하고 행동하는 세력은 법으로 제재를 하긴 해야지. 이 협약과 법을 만들 시기도 중요한데 지금 당장 만들기 시작해야 해. 사회협약과 법은 여러 전문가들의 TV 토론 등을 통해서 공개적으로 의견을 수렴하는 과정을 반드시 거쳤으면 해.

최종적으로는 국민투표를 통해 국민 모두가 참여하는 의견 확정 과정을 통해서 만들어야 효과를 볼 수 있다고 생각해. 결과는 과정 속에 잉태되어 있는 법이거든. 어떤 과정을 거치느냐가 중요하니까. 최대한 민주적이면서 화합적인 의견수렴 과정을 통해 통일국가를 만들어야지. 통일국가의 아름다운 대장정을 위해 복잡한 이해관계에 얽매이지 않는 사람들이 나섰으면 해. 그리고 자신의 일자리가 통일에 달렸다고 생각하는 젊은 학생들도 헌신했으면 하는 마음이야.

인용한 책과 매체, 증언

1장 자주적 통일을 위하여
주1 〈7·7선언은 한국인의 활동공간을 전 지구적으로 확대했다〉,『월간조선』2008년 7월호.
주2 리하르트 폰 바이체커,『우리는 이렇게 통일했다』, 창비, 2012, 193쪽.
주3 〈노태우 씨 "YS능력 오판"〉,『한겨레』1999년 4월 19일.
주4 〈현정부 햇볕정책 비난 김 전 대통령, "3국공조 장애"〉,『경향신문』1999년 6월 7일.

2장 평화 체제는 어떻게?
주1 한국역사연구회 현대사분과 편,『역사학의 시선으로 읽는 한국전쟁』, 2010, 190쪽.
주2 고수석,『최근 북한의 핵위협과 한반도 리스크의 실제』, 2013년 6월 19일 평화재단 평화연구원 2013 심포지엄 자료, 16쪽.
주3 박경서·서보혁,『헬싱키 프로세스와 동북아 안보협력』, 한국학술정보, 2012, 358~359쪽.
주4 이수형,「노무현 정부의 동맹재조정 정책: 배경, 과정, 결과, 이수훈 편」,『조정기의 한미동맹: 2003~2008』, 경남대 극동문제연구소, 2009.
주5 〈경제위기에… 세계 군사비 14년 만에 감소〉,『한겨레』2013년 4월 15일 인터넷판.

3장 가장 아름다운 통일 세상이란?
주1 「남북 에너지 자원 협력 현황과 향후 전망」,『남북 상생의 디딤돌, 북한 지하자원』(2013 북한자원포럼 학술자료집-2013년 9월 5일), 57~58쪽.
주2 이승률,『누가 이 시대를 이끌 것인가』, 물푸레, 2009. 232쪽.
주3 〈역사에 부치는 편지 "한완상 전 부총리"〉,「한국 현대사 증언, TV 자서전」, KBS 1TV, 2013년 4월 28일.

4장 이상적인 통일을 꿈꾸며……
주1 박경서·서보혁,『헬싱키 프로세스와 동북아 안보협력』, 한국학술정보, 2012, 391쪽.
주2 홍윤기,「국력으로서 민주정치와 국가자원으로서 민주시민교육」,『독일정치교육의 현장을 가다』, 2008, 246~247쪽.

나가며

우리의 민족지성이 하루빨리 제 목소리를 내서 통일로 나아가기를 소망하며 이 책을 쓰게 되었다.

아시아 최초로 노벨 문학상을 받은 타고르는 일찍이 우리를 일컬어 "지성의 맑은 흐름이/굳어진 습관의 모래벌판에 길 잃지 않는 곳"이라고 노래했다. 이 시처럼 굳어진 민족 분열적 사고 속에서 우리 민족이 길을 잃지 않기를 바란다.

통일은 우리 민족이 주도권을 쥐고 이루어야 한다. 해방을 우리 힘으로 이루지 못했기에 분단되었고, 외세에 빌붙어 권력을 차지하려 했던 분열 세력이 분단을 심화시켰던 역사적 교훈을 잊어서는 안 되니까 말이다.

평화통일을 갈망하는 사람들이 거의 동의하듯이 평화 체제 수립만이 지금으로서는 가장 좋은 방안이다. 이를 위해 정부와 민간 부문에서 힘을 모아야 한다. 평화 체제를 수립하도록 촉구하는 데 국민들이 힘을 모아야 한다.

그리고 통일의 길은 민족적 역량을 다 모아야 하므로 재외 동포를 포함하여 온 민족의 지혜와 각 부문의 경험을 모아 '통일국가 청사진'을 만들어야 한다. 이를 위해 각계의 전문가와 좋은 의견을 가진 국민들의 식견을 모아서 구체적인 통일 준비를 해나가야 한다. 국민이 공감하지 않는 방식으로 일이 진행되면 성공하지도 못할뿐더러 시간과 예산 낭비를 말해 무엇하겠는가? 관계 부처에서 준비하고 있겠지만 전문가들의 폭넓은 참여로 일정 정도의 공개적인 논의는 필요하다고 생각된다.

전제군주제하에서도 "물은 배를 띄우기도 하지만 배를 뒤집는다."고 했다. 국민들 대다수가 원하는 것을 들어주는 것이 정치이다. 이제 우리 사회에서도 서서히 분단국가의 한계를 깨달으면 통일을 희망하는 여론이 봇물 터지듯 할 수도 있다. 이때를 대비해야 한다.

경제 영토를 끊임없이 넓히려고 하는 국제화 시대가 된 지가 언제인데, 우리는 오히려 북한과의 경제 교류와 협력을 형편없이 위축시키려 하는가? 대체 언제까지 분단을 고정시키는 마녀사냥식의 좌우 이념 대립이나 일삼으려 하는가?

자, 이제 우리 국력과 수준에 맞는 대접을 받을 때가 되었다. 세계 10위권의 무역 대국이라고 자랑하지만 말고 우리 두 발로 똑바로 서는 당당한 모습을 모여야 한다. 그러기 위해서도 전시작전통제권을 받아 와야 하고 자주 외교를 해야 한다. 경제와 복지, 사회 통합을 위해 더 많은 예산과 지원을 해야 한다.

그리고 비무장지대를 평화적으로 관리하기 위해 국제평화지대를 만들어야 한다. 이 지대가 평화운동을 하는 평화의 성지가 되어야 한다. 지구상에 남은 마지막 분단국이니까 더 호소력과 상징성이 있다.

국내적으로는 통일 지향적으로 여론을 수렴해야 한다. 국민투표 수준의 여론 수렴 과정을 통해 '통일국민협약'과 특별법을 만들어야 한다. 그래야 가다 서다 하지 않고, 방향을 잃지도 않을 것이다.

통일은 선택 사항이 아니고 전력투구해서 달성해야 할 우리 민족 최고의 멋진 꿈이다. 통일은 우리 민족 최고의 도전이다. 이상의 시를 인용하여 격정을 토로하고 싶다.

"날자, 날자꾸나. 거침없이, 통일의 꿈으로……."

삶의 행복을 꿈꾸는 교육은
어디에서 오는가?

● **교육혁명을 앞당기는 배움책 이야기** 혁신교육의 철학과 잉걸진 미래를 만나다!

● **비고츠키 선집** 발달과 협력의 교육학 어떻게 읽을 것인가?

혁신학교	성열관·이순철 지음 ǀ 224쪽 ǀ 값 12,000원
행복한 혁신학교 만들기	초등교육과정연구모임 지음 ǀ 264쪽 ǀ 값 13,000원
서울형 혁신학교 이야기	이부영 지음 ǀ 320쪽 ǀ 값 15,000원
혁신교육, 철학을 만나다	브렌트 데이비스·데니스 수마라 지음 ǀ 현인철·서용선 옮김 ǀ 304쪽 ǀ 값 15,000
대한민국 교사, 어떻게 가르칠 것인가?	윤성관 지음 ǀ 320쪽 ǀ 값 15,000원
아이들을 어떻게 가르칠 것인가	사토 마나부 지음 ǀ 박찬영 옮김 ǀ 232쪽 ǀ 값 13,000원
모두를 위한 국제이해교육	한국국제이해교육학회 지음 ǀ 364쪽 ǀ 값 16,000원
경쟁을 넘어 발달 교육으로	현광일 지음 ǀ 288쪽 ǀ 값 14,000원
혁신교육 존 듀이에게 묻다	서용선 지음 ǀ 292쪽 ǀ 값 16,000원
다시 읽는 조선교육사	이만규 지음 ǀ 750쪽 ǀ 값 37,000원
교실 속으로 간 이해중심 교육과정	온정덕 외 지음 ǀ 224쪽 ǀ 값 13,000원
대한민국 교육혁명	교육혁명공동행동 연구위원회 지음 ǀ 224쪽 ǀ 값 12,000원
포스트 코로나 시대의 교육	성열관 외 지음 ǀ 224쪽 ǀ 값 15,000원
내일 수업 어떻게 하지?	아이함께 지음 ǀ 300쪽 ǀ 값 15,000원
핀란드 교육의 기적	한넬레 니에미 외 엮음 ǀ 장수명 외 옮김 ǀ 456쪽 ǀ 값 23,000원
한국 교육의 현실과 전망	심성보 지음 ǀ 724쪽 ǀ 값 35,000원
독일의 학교교육	정기섭 지음 ǀ 536쪽 ǀ 값 29,000원
교실 속으로 간 이해중심 통합교육과정	온정덕 외 지음 ǀ 224쪽 ǀ 값 15,000원
초등 백워드 교육과정 설계와 실천 이야기	김병일 외 지음 ǀ 352쪽 ǀ 값 19,000원
학습격차 해소를 위한 새로운 도전 보편적 학습설계 수업	조윤정 외 지음 ǀ 240쪽 ǀ 값 15,000원

● **경쟁과 차별을 넘어 평등과 협력으로 미래를 열어가는 교육 대전환!** 혁신교육 현장 필독서

학교의 미래, 전문적 학습공동체로 열다	새로운학교네트워크·오윤주 외 지음 ǀ 276쪽 ǀ 값 16,000원
마을교육공동체 생태적 의미와 실천	김용련 지음 ǀ 256쪽 ǀ 값 15,000원
학교폭력, 멈춰!	문재현 외 지음 ǀ 348쪽 ǀ 값 15,000원
학교를 살리는 회복적 생활교육	김민자·이순영·정선영 지음 ǀ 256쪽 ǀ 값 15,000원
삶의 시간을 잇는 문화예술교육	고영직 지음 ǀ 292쪽 ǀ 값 16,000원
미래교육을 디자인하는 학교교육과정	박승열 외 지음 ǀ 348쪽 ǀ 값 18,000원
코로나 시대, 마을교육공동체운동과 생태적 교육학	심성보 지음 ǀ 280쪽 ǀ 값 17,000원

참된 삶과 교육에 관한 생각 줍기